THE POWER OF NANHU ● 南湖力量

启航：南湖基金小镇发展报告

南湖互联网金融学院
Nanhu Internet Finance Institute

南湖私募基金丛书

邹传伟　主编

李雪婷　姚崇慧　张国东
徐　琳　蒋佳秀　杨鑫杰　参编

TOWARD
NEW HORIZONS:
THE JOURNEY OF
NANHU FUND TOWN

经济管理出版社
ECONOMY & MANAGEMENT PUBLISHING HOUSE

序言

Preface

　　私募股权投资基金拓宽了公司的融资渠道，推动了被投资公司的价值发现和价值增值，同时也为投资者提供了一种高收益的投资渠道，在当今金融体系中扮演着十分重要的角色，对促进国民经济发展、完善资本市场体系、优化经济金融结构具有举足轻重的作用。在全球私募股权投资基金快速发展的背景下，随着中国经济的飞速发展和资本市场的逐步完善，中国私募股权投资基金也在不断地探索和发展。近年来，在经济转型升级的宏观导向下，私募股权投资受到国家政策的认可和支持。各地方政府先后试水私募股权投资，颁布相应的优惠政策，采取一系列招商策略，吸引以私募股权机构为代表的创新金融机构进入当地注册和办公，在促进金融产业配置优化的同时，更推动和促进了成长性企业的发展，并为当地政府带来了可观的财税收入。

　　作为全国最早引入创业投资和私募股权投资机制的区域之一，长三角地区私募股权基金市场发展迅速。这一区域民营经济高度活跃，孕育着众多新兴创新企业。同时，其民间资本雄厚，民众投资意识较强，国内外私募股权基金纷纷将业务拓展至该区域。浙江省嘉兴市位于长三角的核心地带，具有得天独厚的地理位置和经济发展基础，私募股权行业有望成为嘉兴市新的经济增长点。2010 年 12 月，嘉兴市南湖区成功申报浙江省第一批金融创新示范区试点单位。南湖区通过深入市场调研及分析，确定以股权投资行业为抓手，集中政策、项目、资金等资源要素，全面推进金融创新示范区发展建设，形成与南湖经济社会协调发展的现代金融支撑体系，推动区域产业转型升级。

作为首批省级金融创新示范区，南湖区依托紧邻上海国际金融中心和杭州区域金融中心的区位优势，借鉴美国沙丘路（Sand Hill Road）和格林尼治（Greenwich）等基金小镇成功经验，创造性地提出能够长期吸引股权投资基金注册新基金、持续引入新资金的基金小镇开发模式，以满足区域经济转型升级的内在需要和以嘉兴科技城为龙头的大批科创型企业的金融需求。南湖区把靠近嘉兴高铁南站面积共约 2.04 平方公里的土地作为省级金融创新示范区核心区，率先在国内打造基金小镇。

随着国家"十三五"时期优化经济结构、全面提升产业竞争力战略的提出以及各地对基金小镇认可度和需求度的提升，2016 年国内基金小镇进入发展的快车道，投建热潮迭起。2016 年 7 月 20 日，住房城乡建设部、国家发展改革委、财政部联合下发《关于开展特色小镇培育工作的通知》，决定在全国范围开展特色小镇培育工作，计划到 2020 年，培育 1000 个左右各具特色、富有活力的休闲旅游、商贸物流、现代制造、教育科技、传统文化、美丽宜居等特色小镇，引领带动全国小城镇的建设。

以此为契机，浙江省利用自身的信息经济、块状经济、自然资源、历史人文等独特优势，加快创建一批特色小镇。这不仅符合经济社会发展规律，而且有利于破解经济结构转化和动力转换的现实难题，是破解浙江空间资源瓶颈、有效供给不足、高端要素聚合度不够的重要抓手，是浙江省适应和引领经济新常态的重大战略选择。截至 2017 年 8 月底，浙江省已经有 7 个市、66 个县出台了扶持特色小镇发展的专项政策，给予其土地优惠、税费返还、人才引进、政府服务等专门支持。

乘着目前特色小镇的东风，得益于建设之初的招商定位，嘉兴市南湖基金小镇通过金融产业发展，带动基础设施联动，如今已形成"基金小镇 + 财富聚集区"两个中心，配合"金融服务支持 + 综合服务支持"两个配套，产业规划更加清晰，产业集聚效应凸显，形成了以基金小镇为代表的标志性地方金融创新特色。可以说，南湖基金小镇顺应国家供给侧结构性改革和金融改革趋势，充分发挥政府在经济发展中的引导、管理、服务职能，取得了显著成效。

本书共包括五章内容和三个附录：第一章是基金小镇理论基础研究，为本书后续所涉及的内容进行了理论铺垫。第二章介绍了南湖基金小镇建设背景，从经济发展、战略时机以及基础条件和先发优势三个维度进行了阐述。第三章是本书的核心主体。这一章围绕南湖基金小镇的发展现状，对南湖基金小镇的区域规划建设、产业发展规模、服务体系构建以及品牌推广效应进行了较为详尽的分析，提炼出基金小镇的创新开发经验。第四章是国内外基金小镇的对比分析。这一章选取了国内外十个具有代表性的金融聚集区进行全面研究，从这些典型案例中寻求共性和特性，汲取其发展经验。第五章对南湖基金小镇未来发展进行了展望。附录一主要对南湖基金小镇从初创到现在的一些重要事件进行汇总，包括重要领导调研、标志性成果、荣誉资质以及重大事件等。附录二汇编了中央和主要地方政府针对特色小镇建设的各个方面的特定政策。附录三梳理了清科集团关于中国 2017 年股权投资机构的排名。

不忘初心，奋力前行。南湖基金小镇在金融特色小镇建设发展道路上不断创新，努力为中国私募投资基金行业健康发展贡献"南湖力量"。截至 2017 年 11 月，南湖基金小镇已累计引进私募股权投资类企业 4000 余家，认缴资金规模超过 7200 亿元，已成为在中国有一定影响力的金融聚集区。未来，南湖基金小镇将继续稳健布局、创新发展，力争成为在世界上有一定知名度的中国基金小镇。

目录

Contents

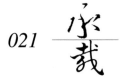

185 领航

Exploring

第一章 Chapter one

探索：
基金小镇概念及理论基础

　　"基金小镇"作为一种金融创新模式，最早起源于美国东部的格林尼治小镇。目前，全球最为成熟的基金小镇除了格林尼治小镇外，还有美国西部的沙丘路小镇，这两个小镇不仅扶持了一大批高质量的初创公司，实现了资本财富有效管理和投融资的双赢格局，同时还推动了金融产业的集聚发展，带动了当地的经济增长和创新发展。在中国，"基金小镇"这一新兴资本运作服务平台和金融聚集区出现时间并不长，但发展势头强劲。2010 年 12 月，嘉兴市南湖区成功申报浙江省第一批金融创新示范区试点单位。随后，南湖区率先在国内提出打造股权投资产业集聚小镇的概念规划，南湖基金小镇应运而生。随着国家"十三五"规划优化经济结构、全面提升产业竞争力战略的提出以及各地对基金小镇认可度和需求度的提升，2016 年国内基金小镇进入发展的快车道，投建热潮迭起。除嘉兴南湖基金小镇、北京房山基金小镇和杭州玉皇山南基金小镇等一批基金小镇已初具集聚规模外，全国其他地区的基金小镇，比如成都天府国际基金小镇、西安基金小镇、宜宾南溪区基金小镇、广州从化温泉财富小镇、九江共青城私募基金创新园区、深圳前海深港基金小镇等亦在筹建中。

一、基金小镇相关概念解析

（一）特色小镇内涵

特色小镇是以某一特色产业为基础，汇聚相关组织、机构与人员，具有一定文化氛围、旅游和社区功能的现代化群落。确切地说，特色小镇不是传统意义上的"镇"，它相对独立于市区，但区别于行政区划单元；特色小镇不是单纯的产业或者功能叠加，而是具有一定综合功能的发展空间平台。我国的特色小镇多以信息经济、环保、健康、旅游、时尚、金融、高端装备制造等产业为基础，打造具有特色的产业生态系统，以带动当地的经济社会发展，并对周边地区产生一定的辐射作用，是区域经济发展的新动力和创新载体。目前在特色小镇的建设上，浙江省走在了全国的前列。

特色小镇的核心是产业，形态是小镇。特色小镇主要包括十大类型：①金融创新型，如嘉兴南湖基金小镇、北京房山基金小镇和杭州玉皇山南基金小镇等。②生态旅游型，如杭州湾花田小镇、廊下田园小镇和宁海森林温泉小镇等。③资源禀赋型，如西湖龙坞茶小镇和磐安江南药镇等。④历史文化型，如遵义市仁怀市茅台镇和吕梁市汾阳市杏花村镇等。⑤高端制造型，如萧山机器人小镇和海盐核电小镇等。⑥新兴产业型，如乌镇互联网小镇、菁蓉创客小镇和临安云制造小镇等。⑦城郊休闲型，如北京市昌平区小汤山温泉小镇和大路农耕文明小镇等。⑧交通区域型，如北京新机场服务小镇和萧山空港小镇等。⑨时尚创意型，如宋庄艺术小镇和杨宋中影基地小镇等。⑩特色产业型，如桐乡毛衫时尚小镇和嘉善巧克力甜蜜小镇等。

（二）基金小镇内涵

基金小镇发展至今，国内外对其尚未有统一的概念和定义。清科研究中心通过梳理国内各地基金小镇的实践[①]，概括出了以下四个特征：一是主要由政府主导设立；二是按照市场化运作机制运营；三是充分利用私募基金产业集聚惯性，通过打造"精而美"的软硬件环境吸引各种创业投资基金（Venture Capital，VC）、私募股权投资基金（Private Equity，PE）、对冲基金（Hedge Fund，HF）和证券投资基金（Securities Investment Fund，SIF）以及相关金融要素、创业创新资源的聚集；四是快速形成金融产业集聚效应，从而发展成金融财富管理中的一支高素质的经济力量。简单概括而言，基金小镇就是金融和资本资源的聚集地。入选特色小镇的部分基金小镇名单如表 1-1 所示。

表 1-1　入选特色小镇的部分基金小镇名单

序号	小镇名称	入选特色小镇级别
1	北京房山基金小镇	中国特色小镇
2	嘉兴南湖基金小镇	省级特色小镇
3	梅山海洋金融小镇	省级特色小镇
4	鄞州四明金融小镇	省级特色小镇
5	义乌丝路金融小镇	省级特色小镇
6	玉皇山南基金小镇	省级特色小镇
7	运河财富小镇	省级特色小镇
8	苏州基金小镇	省级特色小镇
9	东沙湖基金小镇	省级特色小镇

---

❶ 清科研究中心基金小镇团队. 国内基金小镇开发模式及布局选址解析［EB/OL］. https：//www.jrzj.com/column/4626.html，2017-07-12.

序号	小镇名称	入选特色小镇级别
10	金柯桥基金小镇	市级特色小镇
11	南麂岛基金小镇	市级特色小镇
12	温州万国财富小镇	市级特色小镇
13	湘湖金融小镇	市级特色小镇
14	华融黄公望金融小镇	市级特色小镇
15	灞柳基金小镇	市级特色小镇

资料来源：投中研究院、南湖互联网金融学院。

（三）金融集聚内涵

近年来，随着经济全球化、自由化、信息化的程度不断加深，作为现代经济核心的金融业，出现了各种形式的金融集聚现象。从全球范围来看，伦敦的金融城、纽约的华尔街以及东京的新宿是广为人知的世界三大金融集聚中心。从国内来看，北京金融街、上海陆家嘴、深圳金融中心以及独具特色的基金小镇都是金融聚集区的典型代表。因此，通过对金融集聚的研究进而加深对基金小镇的认识很有必要。

金融集聚发展至今，已逐渐成为现代金融产业组织的基本表现形式之一。但因其包含的内涵较为丰富和深刻，目前理论界对其尚未有明确的定义。

金融集聚发展到一定程度似乎总是会以区域金融中心的形式呈现。因此，国外学术界对于金融集聚内涵的研究，多散见于"金融中心"定义之中。其中最具代表性的是美国经济学家 Kindle Berger[1] 的研究，他在马歇尔"空间外部

---

❶ Kindle Berger C.P. The Formation of Financial Centers：A Study in Comparative Economic History［M］. Princeton：Princeton University Press，1974.

性"和韦伯"集聚经济函数"理论的基础上，将金融中心的形成动因归结于外部规模经济，即金融参与者会更加倾向于在某一特定区域进行集中交易。当更多金融参与者定位在同一区域内时，这些区域对于其他金融参与者会更富有吸引力。随着金融产业的不断发展，这种区域的集中度会更加显著，逐渐形成一定的经济规模，进而形成金融中心。金融中心最主要的功能就是提高市场流动性和交易效率，降低融资成本和投资风险。同样地，美国学者 Pandilt[①] 认为，金融要素流动和集聚的结果是金融服务产业以集群的形式产生，并不断演化形成金融中心（见图 1-1）。

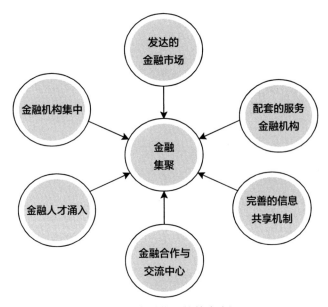

图 1-1　金融集聚的静态内涵

资料来源：杜雪.泛珠江三角区域的金融集聚研究 [D].广西大学硕士学位论文，2013.

---

❶ Pandilt N. R.，Gary A. S.，Cook G. M.，Peter Swann. A Comparison of Clustering Dynamics in the British Broadcasting and Financial Services Industries［J］. International Journal of the Economics of Business，2002，9（2）：195-224.

随着我国经济结构转型升级以及区域金融中心战略目标相继提出，金融集聚逐渐成为国内研究的热点之一。与国外侧重于金融中心的研究不同，国内学者更多的是关注集聚的动态过程和状态结果。一方面，各种金融机构、信息、人才等金融要素根据纵向专业化分工以及横向竞争和合作关系，集聚于某一特定区域而形成具有集聚经济性质的产业组织，这种金融产业集群的现象和状态可被视为金融集聚。另一方面，通过金融要素与地域条件协调、配置、组合的时空动态变化，金融产业不断成长和发展，并带动周边其他产业的发展，进而在一定地域空间生成金融地域密集系统的变化过程（见图1-2）。

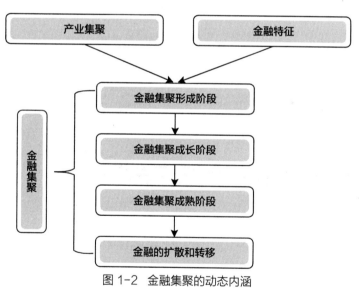

图 1-2 金融集聚的动态内涵

资料来源：杜雪.泛珠江三角区域的金融集聚研究 [D].广西大学硕士学位论文，2013.

综合上述对金融集聚内涵的界定，笔者发现金融集聚可分为两个层次：第一，金融集聚可看作是由金融运动区域选择和金融效率空间调整[1]引起的金融参与者在特定区域通过横向和纵向联系形成的相互竞争、相互合作、地理上高度集中的产业群体。第二，金融集聚不仅是地理意义上的静态集聚，更是通过地理上的集聚而产生相应的金融要素集聚，从而形成金融功能上的集聚。

二、基金小镇的现实意义

基金小镇的规划、建设及发展是由当地政府、基金公司以及地产公司等多个主体共同推动的，因此基金小镇的建设对于各参与方来讲具有不同意义。以下主要从当地政府和基金公司的角度来进行阐述。

从当地政府的角度来讲，基金小镇建设具有四个层面的功能：第一，有利于提供一个公开、透明、高效的交流平台，拉近私募基金与社会公众的距离，实现民间财富的有效管理。私募基金在大众印象中，相对神秘、分散而独立。大批社会资本有意愿、有能力参与投资，但金融资本和产业资本转化[2]的有效途径不是很完善，导致非法集资事件时有发生，部分群众财产蒙受损失。尤其是 2015 年以来，投资类公司非法集资案件不仅严重威胁了区域性的金融稳定，

❶ 金融运动区域选择和金融效率空间调整过程也就是金融地域密集化的过程，金融资源和空间资源通过时空的动态变化互相协调以促进金融产业不断发展完善。
❷ 所谓的产业资本是指由生产企业投入的、直接进入生产领域的资本。金融资本是指由金融企业（如银行、保险业）投入的、间接进入生产领域的资本。产业资本需要靠生产、流通与销售来实现资本积累，而金融则需要从实体经济及金融各个细分领域中的投资来形成金融资本。产融结合为金融资本转化为产业资本指出道路，又为产业资本转化为金融资本提供方法。但国家的法律基础、金融与实体经济之间的联系机制和政府对于产融结合的参与程度都会对产融结合的演变产生一定的影响。

而且对社会造成了不良的影响。私募金融产业在基金小镇集聚发展，财富管理机构和民间资本可实现规范、有效的对接，小镇内部资本、项目和信息都可充分共享，政府也可方便、高效地提供政策和服务支持以及实施监管，减少非法集资案件的发生。

第二，更好地发挥私募基金行业对实体经济的支撑作用，促进区域经济转型升级，从而实现区域经济的创新驱动和财富驱动。经济新常态下，我国经济面临转型升级之惑，战略性新兴产业是转变经济发展方式的必然选择，而资金融通是基础和保障。私募基金具有轻资产、聚财富的特点，不仅符合绿色产业的特征，而且本身还会实现金融资本和实体经济的契合发展和良性互动，通过打通资本和企业的连接来孵化、培育和发展新兴企业，既能带来巨大的经济收入，又能创造就业机会。基金小镇在优化区域经济结构、加快产业转型升级和实施创新驱动发展战略等方面的作用非常显著。以嘉兴南湖基金小镇为例，截至 2017 年 3 月，嘉兴市 57 个项目通过基金小镇获得了 64.6 亿元的资金支持，其中南湖区四通车轮、凯实生物等科创型企业获得战略支持，青莲食品、和达科技、亚锦电子、艺能传媒等企业已挂牌新三板。

第三，有助于促进当地的基础设施建设。以往产业园注重"拼地"、"拼政策"，而基金小镇更强调环境的软硬兼备。基金小镇在工商注册的便捷程度以及各类相关资源的提供和支持等方面都有较高程度的保障，全方位金融办公配套服务体系更是其亮点。基金公司入驻基金小镇，可以促进相关配套服务、平台服务以及中介机构的完善和改进，构建起一个健康、安全、有序的金融生态圈，使小镇"居民"真正实现"办公在小镇，交流在小镇，居住在小镇"。

第四，对接"智力资源"，打造人才高地。基金小镇具备高端、绿色、人性化等特色，生活性、工作性配套设施齐全，其绝佳的地理环境和广阔的个人发展平台对高端金融从业人才富有极大的吸引力。以杭州玉皇山南基金小镇为例，其在人才引进和培养方面积极"亮剑"。截至 2017 年 5 月，其已累计吸引国内外高端金融专业人才 2000 余名，包括海归人才 300 余人。

从基金公司的角度来讲，基金小镇能为其带来各种切实的优惠与便利：第一，基金小镇为了吸引资本和精英入驻，通常会出台一系列税收减免优惠政策、人才支持政策、办公场地补贴等扶持政策。入驻企业凭借各类补贴和低廉的租金能相应降低其运营成本，使其聚焦核心业务，提高资金的有效使用率。

第二，基金公司借助基金小镇举办的高端论坛、专业会议、投融资对接等活动可以洞察国家政策的变化，及时调整企业自身的发展战略和发展方向，从而提升企业自身竞争力。

第三，基金公司入驻基金小镇形成基金联盟，可促进私募基金产业链的战略协同发展。私募股权投资基金和风险投资基金等的投资方向在不同产业链条的侧重点不同，在企业发展周期中的定位也不尽相同。基金集聚可实现基金公司投资的企业之间无缝对接和交流，有利于其相互间探讨、借鉴，共享信息资源和项目资源，加强企业间投资合作，形成协同效益。此外，从某种程度上来讲，基金小镇的建立也为基金公司提供了一条发声渠道，对保障基金行业平稳运行以及维护资本市场健康发展起到积极作用。

第四，基金公司借助基金小镇品牌，能够提升自身在金融行业的知名度和美誉度。基金小镇普遍都有较高标准的入驻门槛和入驻要求，经过严格筛选的基金公司都较为优质，基金小镇在筛选过程中能逐渐提升自己的品牌优势。基金公司入驻基金小镇则意味着为自己加了一个"优质"的标签。

目前，基金小镇在国内渐次开花，其建设和发展在一定程度上抓住了创新与资本融合发展的时代机遇，顺应了国家经济新常态下大力发展金融业及产业结构调整的趋势，同时也是推进供给侧结构性改革的重要举措之一。

三、基金小镇的理论基础

作为金融集聚的一种特殊形式，基金小镇的形成往往是由多种动因作用引起的，本节主要选择其中四种最为重要、占据主导地位的理论进行阐释：产业集群理论、经济决定理论、金融地理学理论以及卫星城镇模式理论（见图 1-3）。

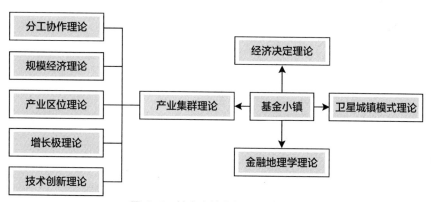

图 1-3　基金小镇依托的理论基础

资料来源：南湖互联网金融学院根据公开信息整理。

（一）产业集群理论

基金小镇基于金融产业集聚优势得以不断推进实施，因此从本质上来讲，基金小镇的理论基石是产业集群理论。产业集群理论为基金小镇对区域经济的推动作用提供了规范的理论基础和科学的解释。

1990年，美国经济学家波特在《国家竞争优势》一书中对产业集聚理论进行了经典的论述[1]。1998年，波特定义产业集群为在某一特定领域中（通常以一个主导产业为主），大量产业联系密切的企业以及相关支撑机构在空间上集聚，并形成强劲、持续竞争优势的现象[2]。2005年，惠宁在波特研究的基础上认为产业集聚的形成是竞争的结果[3]。除此之外，还有学者从其他不同角度来分析产业集群，比如1999年Martin和Ottaviano从经济增长角度[4]、2002年Stamer从合作中的竞争角度[5]、2009年Lundvall从创新环境角度[6]、2011年阮建青等从资本市场角度[7]进行了分析。

从历史发展脉络来看，产业集群理论经历了一系列的变迁：从亚当·斯密在《国民财富的性质和原因的研究》[8]中提出的分工协作理论，到马歇尔提出的

---

❶ 迈克尔·波特. 国家竞争优势 [M]. 北京：华夏出版社，2002.

❷ Michael Porter.Cluster and the New Economy of Competition [J]. Harvard Business Review，1998 (11-12).

❸ 惠宁. 产业集群理论的研究现状及其新发展 [J]. 管理世界，2005 (11)：158-159.

❹ Martin P.，Ottaviano G. I. P. Growing Locations：Industry Location in a Model of Endogenous Growth [J]. European Economic Review，1999，43 (2)：281-302.

❺ Meyer-Stamer J. Clustering and the Creation of an Innovation-oriented Environment for Industrial Competitiveness：Beware of Overly Optimistic Expectations [J]. International Small Business Journal，2002，20 (3).

❻ Lundvall B. A. Innovation Asanint Eractiv Eprocess：User-producer Interaction to the National System of Innovation：Research Paper，African Journal of Science，Technology [J]. Innovation and Development，2009，1 (2&3)：10-34.

❼ 阮建青，张晓波，卫龙宝. 不完善资本市场与生产组织形式选择——来自中国农村产业集群的证据 [J]. 管理世界，2011 (8)：79-91.

❽ 亚当·斯密. 国民财富的性质和原因的研究 [M]. 北京：商务印书馆，1972.

规模经济理论①，再到后来的产业区位理论、增长极理论以及技术创新理论等。本节主要从产业集群理论的外部规模效应视角展开。

外部规模效应认为金融集聚所在的区域会形成外部规模经济效应，即市场规模越大，金融参与者越多，金融资源的流通性就会越好，金融投资的风险就会越小，集聚扩散效应和规模效应越能得到较大程度的发挥，反过来又吸引其他金融参与者汇聚，从而使经济效应和社会效应更趋显著，继续强化集聚效应。通过金融集聚的形式，各金融机构之间合作的深度与广度可以得到极大的拓展，金融机构之间可频繁地开展跨业务合作，开拓金融市场，从而实现金融业的快速发展和区域经济的持续增长。比如，伦敦、纽约等国际或地区性金融中心的形成可充分反映此理论。

（二）经济决定理论

经济决定理论认为金融集聚现象的产生可归结于人们对货币结算需求的增加。在经济水平发达的地区，随着经济的持续增长，人们对货币结算的需求较大，对金融产品的需要也随之增加，金融集聚可运行的空间相对较大，金融集聚的现象便会随之产生。而在经济水平不发达的地区，人们对货币结算需求较少，金融集聚显然缺乏动力因素，金融资源集聚的实现较为困难。概括而言，经济发达水平是决定金融资源积累和发展、金融产业能否集聚的决定性因素。比如，北京的金融街和上海的陆家嘴，之所以能形成金融集聚并逐渐壮大都是得益于其区域经济奠定的经济基础。

---

❶ 阿尔弗雷德·马歇尔.经济学原理 [M].北京：商务印书馆，1964.

（三）金融地理学理论

金融地理学理论认为信息是金融集聚形成和发展不可或缺的条件之一。金融地理学从"信息不对称"的角度出发，认为机构之间大多数信息不符合标准信息范畴，易造成信息难以理解，从而导致金融交易成本提高，进而降低金融服务质量。而追根溯源，地理距离是这一问题的主因，距离越远，"信息不对称"的可能性就越大，金融交易成本就越高，金融风险也随之增加；反之同理。因此，地理因素通过影响信息流动来干预金融交易成本，进而影响金融集聚的形成和发展。

（四）卫星城镇模式理论

除上述理论外，基金小镇与卫星城镇也有相通之处。卫星城镇是在大城市外围地区为分散中心城市的人口和工业而新建或扩建的具有相对独立性的城镇。卫星城镇不仅能够创造就业岗位，还会设立完善的住宅和公共设施。卫星城镇的发展模式与产业集群理论中的增长极理论息息相关。卫龙宝等[1]认为，现实世界中经济要素的作用并非都在均衡条件下均衡地发挥作用，增长并非以同样的速度同时出现在不同的部门，而是以不同的强度首先出现在一些增长点或增长极上，然后通过不同的渠道向外扩散，并对整个经济产生影响。而这些增长极体现在卫星城镇中，就是其中心城市所在。卫星城镇发展模式理论可以给基金小镇的建设提供一些理论分析的视角和思路。

---

[1] 卫龙宝，史新杰. 浙江特色小镇建设的若干思考与建议 [J]. 浙江社会科学，2016（3）.

四、基金小镇的建设模式

近年来，基金小镇模式备受各地政府和企业青睐，目前全国多地都在积极规划建设基金小镇，其中有一些小镇已初具规模。与国外自发形成的基金小镇有所不同，国内基金小镇通常由一个主体去建设和运营。本节在简单介绍国外小镇情况的基础上，重点梳理了国内一些主流的小镇建设模式，以期帮助读者加深对基金小镇的认识。

（一）国外模式

国外基金小镇大多是人口和企业自然选择和聚集的结果。比如，美国的格林尼治基金小镇是在经济社会发展规律的支配下，经过 20 多年自然发展形成的，基于其独特的区位优势和税收优惠获得基金经理人的青睐而兴起和壮大，成为全球知名的对冲基金"大本营"。美国硅谷沙丘路基金小镇也是自发形成了科技金融协同发展生态，并非由当地政府事先规划而成，政府只是起辅助支持作用。其独特的文化基因和社交圈子促使沙丘路成为风险投资机构设立办公室的首选之地，如今已汇聚了美国 60% 的风险投资机构，密布着 300 多家风险投资公司，掌管着 2300 亿美元的市场力量，形成了良好的集聚效应，也由此成为了硅谷高新技术产业兴起与发展的重要支撑和引擎。

（二）国内模式

国内基金小镇规划理念虽以国外基金小镇为标杆，但并没有完全拷贝国外的建设模式，而是在借鉴国外基金小镇发展经验的基础上，结合中国基本国情，充分考虑社会、经济、文化等因素，全面打造具有中国特色的基金小镇建设模式。我国基金小镇建设模式的特征比较如表1-2所示。

表1-2 基金小镇建设模式的特征比较

类型	主体	基本特征	优势	不足	典型代表
政府主导模式	政府	政府引导	提供建设保障 提供政策支持 提供优质服务	运作效率可能偏低	杭州玉皇山南基金小镇 成都天府国际基金小镇 广州万博基金小镇
企业联合主导模式	企业	企业联合开发	市场化程度高	可能缺乏整体规划	深圳前海深港基金小镇
政府与企业共同主导模式	政府+企业	政府和企业签署战略合作协议	优势互补	政府角色容易发生偏差，可能会表现为过度参与	嘉兴南湖基金小镇 北京房山基金小镇 华融黄公望金融小镇

资料来源：南湖互联网金融学院、清科研究中心。

1. 政府主导模式

政府主导模式，即政府成立专门金融领导工作小组、基金小镇管理委员会、小镇开发建设公司（或与国有开发公司合作）或者基金小镇政务服务中心，配套成立政府引导基金或母基金等形式，开展基金小镇的宏观规划和定位、土地开发、招商引资、经营管理等业务。此模式是目前国内基金小镇建设的主流模式。其优势主要有以下三点：

（1）**提供建设保障**。首先，在基金小镇建设中，许多公共服务需要政府介入，政府能够集中大量的资本和人力，调动多方面资源和产业链服务关系，在小镇整体规划、基础设施建设、投融资综合管理以及土地财政等方面整合社会资源，通过产业链招商和生态圈建设等模式，开展专业化的园区建设。其次，在市场发展不充分的情况下，政府能够充分发挥主观能动性，通过制度创新保障基金小镇在本区域内顺利开展，加快建设目标的实现。最后，政府作为牵头整合机构，能够为基金小镇的建设进行一定的信用背书，增强信用水平。

（2）**提供政策支持。**一是从政策配套层面，政府能够为入驻机构提供一系列税收减免优惠、人才支持、办公场地补贴等扶持政策。二是从制度供给层面，政府能够制定和完善各项规章制度，确保各项工作有章可循、有据可依，推动基金小镇的稳健运行。

（3）**提供政府的优质服务。**政府在基金小镇的融资中往往起着引导和牵头作用，可以充分利用其优势撬动社会资本参与小镇的建设，营造良好的软硬件环境。此外，秉承精细、优质服务理念，借助大数据、云计算等新一代互联网技术搭建服务平台，政府能充分发挥在创新系统中的战略引导作用，从多方面加强配套设施建设，打造一流的发展环境。

需要注意的是，在该模式下，小镇内入驻的政府产业基金和引导基金的比例相对较大，运营原则以社会效益为主要考核指标，并未充分考虑基金的市场化特性，运作效率较低。

案例 1：浙江杭州玉皇山南基金小镇

杭州玉皇山南基金小镇积极探索"政府＋新型运作主体"的发展机制，以政府为主体，强化制度供给，精确引导产业发展，搭建市场化运作平台，充分发挥专业化特长和产业链优势，促进杭州玉皇山南基金小镇集聚发展。杭州玉皇山南基金小镇成立私募（对冲）基金小镇领导小组，对基金小镇的政策优惠等进行研究、创新。政府扮演"服务者"角色，为机构入驻基金小镇提供良好的硬件环境、政策配套、服务配套。

2. 企业联合主导模式

企业联合主导模式，即企业成立基金小镇开发建设有限公司或投资管理有限公司等主体，在政府监督下，以市场化方式进行运作和管理，整合多方资源联合开发，并积极寻求政府政策的支持。作用主要体现在联合开展小镇的规划建设、对接政府与入驻基金企业以及向入驻基金企业提供专业化服务，优势在于市场化程度高。企业联合主导模式一般是由具有强大综合实力的企业来进行开发建设，这样可以充分发挥市场对资源配置的主导作用，借助主体企业的凝聚力和号召力，以企引企，有序集聚，实现金融资源的有效配置，打造和完善整个产业链。

需要注意的是，该模式不同于政府主导模式，是完全自发、自主形成的，因此具有建设速度慢、形成周期长、缺乏整体规划等缺点。

案例2：深圳前海深港基金小镇

2016年10月11日，深圳前海金融控股有限公司与深圳市地铁集团有限公司正式签署战略合作协议，双方合资成立前海深港基金小镇发展有限公司，联手打造业态鲜明、聚焦财富管理的前海深港基金小镇，使其成为联系海外主要金融中心及国内主要金融小镇的重要中枢。目前，前海深港基金小镇借助前海政策优势和区位便利，结合前海产业基础和深港合作战略定位，依托前海金控公司与深圳地铁集团的雄厚资源，已吸引多家基金、资管机构入驻。

---

3. 政府与企业共同主导模式

政府与企业共同主导模式，即政府与企业或资本方签署基金小镇战略合作协议，共同开发基金小镇。该模式的优势在于优势互补。一方面，可以充分利用政府和企业双方的资源优势，通过优势互补在合作中充分实现各方利益的最大化，是基金小镇开发中利益分享、风险共担的一种机制。另一方面，可以通过考核激励机制有效弥补政府效率不足的问题，同时有效对接政府与企业，使得政府能够直接得到来自企业的反馈和建议，有效提升政府的服务能力。比如，为简化入驻机构办理注册、登记、备案、审批、年报披露等繁复的流程和手续，政府相关部门为入驻企业开辟绿色通道，提高注册和审批效率，降低入驻企业的落户时间和成本。

需要注意的是，该模式可能会导致政府的角色定位和职能划分发生偏差，政府在促进基金小镇建设和发展的具体实施上，可能会表现为过度参与。

案例 3：浙江嘉兴南湖基金小镇

2012 年 7 月 5 日，嘉兴市南湖区政府成立的新区开发建设有限公司与苏州基盛九鼎投资中心（有限合伙）共同设立了嘉兴市南湖金融区建设开发有限公司，作为南湖基金小镇的开发、运营主体。嘉兴市南湖金融区建设开发有限公司以公司化的方式进行运营管理，其业务范围主要是为入驻南湖基金小镇的企业提供专业化的服务，包括南湖金融区基础设施的开发建设、实业投资、投资管理、社会经济咨询、商务代理、房地产开发经营、物业管理，网络技术开发、技术服务、技术咨询，会议及展览服务等。

案例 4：北京房山基金小镇

2015 年 5 月 30 日，北京市房山区政府与北京文资泰玺资本就北京基金小镇项目签署战略合作协议，北京市文资办、房山区政府、文资泰玺资本共同出资打造北京基金产业集聚区——北京

房山基金小镇。北京文资泰玺资本是北京房山基金小镇的开发及管理主体，占股近 40%。房山区

政府成立北京基金小镇建设引导基金，助推北京房山基金小镇的建设及发展。此外，北京市国有

文化资产监督管理办公室和房山区财政在政策支持、信息共享、配套设施和服务等方面也提供诸

多支持。

Bearing

第二章 Chapter two

承载：
南湖基金小镇建设背景

2010 年 12 月，嘉兴市南湖区成功申报浙江省第一批金融创新示范区试点单位。南湖区通过深入的市场调研及分析，确定以股权投资行业为抓手，集中政策、项目、资金等资源要素，全面推进金融创新示范区发展建设，形成与南湖经济、社会协调发展的现代金融支撑体系，推动区域产业转型升级。

作为首批省级金融创新示范区，南湖区依托紧邻上海国际金融中心和杭州区域金融中心的区位优势，借鉴美国沙丘路和格林尼治等基金小镇的成功经验，创造性地提出能够长期吸引股权投资基金注册新基金、持续引入新资金的基金小镇开发模式，以满足区域经济转型升级的内在需求和以嘉兴科技城为龙头的大批科创型企业的金融需求。南湖区把靠近嘉兴高铁南站面积共约 2.04 平方公里的土地作为省级金融创新示范区核心区，率先在国内打造基金小镇。

依托南湖区良好的区位优势和区域内便捷的交通，南湖基金小镇引入"花园式办公"理念，为基金人提供定制化、花园式的办公条件，将小镇打造成围绕基金注册落户、办公运营、生活休憩等多功能为一体的金融生态圈，成为吸引基金及其关联产业的高管、管理团队长期乐居、乐业、乐活的特色小镇，小镇鸟瞰图如图2-1所示。小镇在注重服务环境和信用环境等投资软环境打造的同时，还对入驻的企业给予政策支持，按时兑现政策承诺。

图 2-1　嘉兴南湖基金小镇鸟瞰图

资料来源：南湖基金小镇。

一、经济发展的需求

当前，我国经济运行呈现经济稳中有进、稳中向好的态势，但同时由于多方面因素的影响和国内外条件的变化，经济发展也面临着很多困难和挑战。《2017年国务院政府工作报告》指出，我国正面临经济结构加速转型的战略机遇期，发展任务艰巨，需优化区域发展格局，支持中小城市和特色小城镇发展，推动一批具备条件的县和特大镇有序设市，发挥城市群辐射带动作用。

特色小镇的建设和发展有利于我国各地区推动资源整合、项目组合、产业融合，推动项目谋划，扩大有效投资，集聚高端要素，助力传统经济向现代产业集群转型升级，促进产业集聚区的形成，推动特色产业的发展，从而形成新的经济增长点，符合生产力布局优化规律和创业生态进化规律。

（一）国家宏观经济发展现状①

改革开放近 40 年来，我国经济保持持续、高速增长，成功步入中等收入国家行列，成为一个名副其实的经济大国。2016 年国内生产总值（GDP）为744127 亿元，占世界经济总量的 14.84%，连续七年稳居世界第二位，经济较发达的东部沿海地区的人均 GDP 已达到世界发达国家的水平。我国制造业大国地位已基本确立，钢、煤、生铁、电解铝、水泥等 220 余种工业品产量位居世界第一。但站在经济发展迈进新阶段的历史起点上，我国从经济大国向经济强国转变的历史使命依然艰巨。

1. 国民经济进入新常态，但稳定增长任务繁重

2016 年，我国经济实现"十三五"规划的良好开端，在全球经济低迷的环境下，GDP 仍保持 6.7% 的增速（见图 2-2），在世界各经济体中名列前茅。经济运行稳中有进、稳中向好。

一是三大产业增加值保持平稳上升趋势。第一产业增加值为 63671 亿元，同比增长 3.3%；第二产业增加值为 296236 亿元，同比增长 6.1%；第三产业增加值为 384221 亿元，同比增长 7.8%。

---

❶ 除特别说明外，本节数据均来自国家统计局的统计数据。

图 2-2　2010~2016 年中国 GDP 增长率

资料来源：国家统计局。

二是工业生产运行平稳，企业效益明显好转。2016 年我国全年全部工业增加值为 247860 亿元，同比增长 6.0%。在经历了上半年的持续负增长之后，2016 年全国规模以上工业企业最终实现了利润同比增长 8.5%。其中，医药、电子、化工等行业的企业盈利能力提高，行业利润增幅分别达到 15.5%、12.9%、11.5%；冶金、煤炭等行业呈现明显的恢复性增长。

三是固定资产投资缓中趋稳，结构调整优化。2016 年我国全年固定资产投资（不含农户）为 596501 亿元，同比增长 8.1%，比 2015 年回落 1.9 个百分点。制造业投资增速回升，2016 年 9 月制造业投资增速结束连续 15 个月的下降态势，全年实现投资 187836 亿元，同比增长 4.2%。随着政策效果的展现和企业效益的改善，民间投资增速在第四季度实现回升，全年完成投资 365129 亿元，同比增长 3.2%。

但客观来讲，在经济新常态下，我国经济下行的挑战亦十分严峻：人口、土地等领域红利逐步减少，拉动增长的"旧动力"的作用逐步减弱；新兴产业还没有形成传统支柱产业那么大的拉动力；地方、行业和企业正在承受着经济结构调整带来的"阵痛"等。我国仍需一直保持战略定力，采取各种措施综合施策，使经济增长运行在合理区间。

2. 经济增长动力更为多元，但核心动力源培育处于关键节点

李克强总理在《2016年国务院政府工作报告》中指出，经济发展必然会有新旧动能迭代更替的过程，当传统动能由强变弱时，需要新动能异军突起和传统动能转型，加快新旧发展动能接续转换，形成新的"双引擎"，才能推动经济持续增长、跃上新台阶。"十三五"规划期间，正是我国经济增长方式发生根本性转变、培育经济增长新动能处于关键节点的时期。

在强有力的政策与市场的合力推动下，我国经济增长新动能的培育已出现可观的成果。经济发展数据显示，2017年上半年，我国产业结构继续优化，第三产业增长7.5%，超过上半年总体增长幅度，占GDP增长构成比重达54.1%。投资结构中，高技术产业和战略性新兴产业的投资均呈现两位数增长。消费结构中，相比于过去居民消费结构中的50%都为食品，2017年上半年恩格尔系数① 已经降到30%左右，信息消费、网络消费的增长率接近30%。

但是经济增长新动能的培育仍然面临诸多挑战。其中，传统产业升级换代是其表现形式之一，而从低端制造业向中高端制造业的转变不是一蹴而就的，需要较长时间的积累。根据熊彼特创新理论② ，不管是通过生产要素重新组合

---

❶ 恩格尔系数（Engel's Coefficient）是食品支出总额占个人消费支出总额的比重。
❷ 约瑟夫·熊彼特.经济发展理论［M］.北京：商务印书馆，1990.

达成的创新，还是技术革新带来的产品创造，或是新市场的开发等，改变社会面貌的经济创新均会经历长周期、中周期、短周期的过程，其中短周期也需要40个月。由此可见，次贷危机之后我国经济升级转型一直在推进，但经济动能创新需要相当长的时间才能对市场起到实质性的影响和作用。

培育经济增长新动能的另一挑战是如何协调稳增长和调结构之间的关系。一方面，在经济增长新动能的培育过程中，产能过剩的企业要进行彻底改革，市场需求不足的产业要进行革新或可能遭到淘汰，资源和资金要聚集到有发展潜力的行业当中，传统行业会经历一个短期阵痛期，必然会对利润增长有所影响。另一方面，传统产业结构的调整从行业下游传导至行业上游，整体上看区域性风险和系统性风险的发生概率增加，上游企业的利润空间可能会有所压缩，进而出现企业倒闭、工人失业等现象。因此，在培育经济增长新动能的过程中，需要有效地预防风险，以防经济、金融爆发区域性和系统性风险。

3. 发展前景更加稳定，但经济结构转型升级面临挑战

2016年是我国供给侧结构性改革元年，阶段性成效在不断显现，"三去一降一补"①取得积极进展，经济结构调整、发展方式转变取得一定成效，重大结构性失衡问题得到有效改善。

根据国家统计局数据，我国消费结构由物质型消费转变为服务型消费，居民人均收入增加，中等收入群体成为主要消费群，新生代消费群崛起，2016年的最终消费支出对经济增长的贡献率为64.6%，比资本形成总额的贡献率高

---

❶ "三去一降一补"即去产能、去库存、去杠杆、降成本、补短板五大任务。

22.4%。消费需求能够为生产提供目的和动力，推动产业转型升级，促进第三产业的发展，缓解就业压力。我国对外贸易结构由劳动密集型转变为技术密集型，技术密集型产品出口增速超越劳动密集型产品。比如，随着经济和科技的发展，我国自主研发的高铁、航空等设备逐渐成为世界公认的高端交通运输设备；我国装备制造业的发展也突飞猛进，出口量位居世界第三。随着全球自由贸易进程的加深，我国开放型经济发展方式也进一步转变，在"一带一路"倡议、实施自贸区战略、放宽外商投资准入、改革行业协会管理体系、扩大对外开放、转变对外投资管理方式等一系列构建开放型经济新体制的举措下，旅游、跨境电商等行业增长空间扩大。客观来讲，我国经济转型升级蕴含着广阔的发展空间和巨大的发展潜力。

但同时应看到，我国经济结构的转型升级还面临着诸多挑战，产业结构与发达国家相比还较为落后，需求结构、区域结构、城乡结构、收入分配结构等还有很大的调整空间。《2017年国务院政府工作报告》再次明确提出要推进供给侧结构性改革，关键在于调整经济结构，减少无效和低端供给，增加有效和中高端供给，提高供给结构对需求的适应性和灵活性，实现要素配置最优化，提高社会全要素生产率，以便满足广大人民群众的需求，进一步促进经济和社会持续健康发展。

4. 市场活力继续释放，但政府职能转变是一项长期任务

在中共十八届三中全会进一步明确市场配置资源的决定性作用之后，多种经济成分在社会主义市场经济中竞相发展，企业生产力和市场活力得到极大释放，工业化水平不断提高，主要工业产品产量高速增长，我国220多种工业品

产量位居世界第一。《中共中央关于制定国民经济和社会发展第十三个五年规划的建议》提出进一步转变政府职能，推进简政放权，深化行政管理体制改革，激发市场活力和社会创造力。

随着我国工商登记制度改革不断深化，宏观改革效应持续显现，市场准入的制度性成本进一步降低，营商环境不断改善，人民投资创业更加热情，市场主体快速增长。世界银行《2017 全球营商环境报告》的数据显示，中国营商便利度排名已从 2016 年的第 84 位上升至第 78 位。《财富》世界 500 强排行榜中，2016 年我国企业占 110 席，2017 年增长至 115 家，上榜企业总数仅次于美国。大企业的崛起也从微观层面说明了我国市场经济活力的不断释放。

但在经济新常态下，政府职能转变是一项长期任务。当前一些政府部门还存在腐败、失信、过度干预、行政流程烦琐等问题，为加快政府职能转变工作提出了更多挑战。政府职能转变的核心是处理好政府和市场的关系，以简政放权为抓手，转变角色为服务型政府。在政府职能转变的过程中，要切实放权让利，减少审批事项和审批环节，减少资格许可，减少行政收费，下放行政审批权，从各种体制上给微观主体松绑，将主导权交给市场，政府则负责调节和服务，为减轻企业负担、激发市场活力发挥重要作用。

5. 城镇化水平提高，但发展进程需继续推进

中共十八大以来，在国务院关于推进新型城镇化建设和城市可持续发展的部署下，我国城镇化进程加快、水平提高，城市综合实力显著增强，城市居民生活质量进一步改善。根据国家统计局数据，从城乡结构上看，2016 年我国城镇常住人口为 7.9298 亿人，比 2015 年增长 2.83%，农村常住人口为 5.8973

亿人，比 2015 年下降 2.38%。常住人口城镇化率（城镇常住人口占总人口的比重）达到 57.4%，户籍人口城镇化率和常住人口城镇化率的差距进一步缩小。按常住地分，城镇居民人均可支配收入 33616 元，比 2015 年增长 7.8%，扣除价格因素后的实际增长率为 5.6%；农村居民人均可支配收入 12363 元，比 2015 年增长 8.2%，扣除价格因素后的实际增长率为 6.2%。城乡居民人均收入倍差为 2.72，比 2015 年缩小 0.01。

我国城镇化率为 57.4%，城镇化结构由规模城镇化转变为人口城镇化，城镇化建设处于加速期，但距离发达国家 70% 的水平存在显著差距，还有很大发展空间。我国户籍人口城镇化率为 41.2%，城乡二元户籍壁垒对城镇化进程仍有阻碍。依托教育、医疗、基础设施等资源的集聚效应，一线、二线城市和三线、四线城市的城镇化水平差距不断扩大，东部地区和中西部地区之间的城市发展水平也十分不平衡。在城镇化的实际建设过程中，也有些错误认识，如简单地将城镇化理解为征地、搬迁、修楼、修路和消灭农村等概念，加剧了人口结构不合理和城镇化质量差等问题。

我国城镇化进程需继续推进，促进资源配置再平衡。一方面，要树立统一的思想，进行科学规划，完善城镇结构体系，合理确定城镇功能定位，加强生态文明和文化建设，推动产业转型升级，加强公共服务设施建设。另一方面，继续进行户籍制度改革，为城镇化消除阻碍。

6. 房地产市场趋于稳定，但"去库存"仍面临压力

2016 年我国在商品房销售、房地产"去库存"以及热点城市房地产市场价格调控方面的工作很有成效。在商品房销售方面，2016 年全国商品房销售

面积为 15.7 亿平方米，同比增长 22.5%，其中商品住宅销售面积为 13.7 亿平方米，同比增长 22.4%；商品房销售额为 11.8 万亿元，同比增长 34.8%，其中商品住宅销售额为 9.9 万亿元，同比增长 36.1%。在房地产"去库存"方面，2015 年末商品房待售面积为 7.18 亿平方千米，2016 年末为 6.95 亿平方米，下降了 3.2%。同时，商品住宅待售面积下降也比较快，下降了 11%，绝对数在 2015 年末是 4.52 亿平方米，在 2016 年末是 4.03 亿平方米。[①]在房地产市场价格调控方面，2016 年 9 月，部分城市开始实施收紧政策，出台了限购、限贷、增加土地和房屋供应面积、整顿并规范房地产市场等多项措施，随后多个城市进行了调控升级，楼市开启新一轮调控。高强度、大范围的调控措施有效遏制了房价上涨势头，15 个一线和热点二线城市房地产市场迅速降温，房价走势明显趋稳，调控政策取得了阶段性成果。

但房地产"去库存"任务总体上仍面临挑战。除了少数重点城市的库存绝对值略有下降以外，全国整体和大部分三线、四线城市的房地产市场仍面临库存压力。三线、四线城市今后楼市政策的主要目标仍然是"去库存"，同时稳定房地产市场价格。从具体政策来看，一是要和城镇化相结合，延续 2016 年"去库存"的主要动力，引导和鼓励农村人口进城。二是要推进棚改货币化安置。三是要发展租赁市场，把库存房转化为租赁房。四是要发展跨界地产，鼓励开发企业与互联网、金融、电商、艺术等行业合作，推动"双创"落地。

---

❶ 资料来源：http://news.cctv.com/2017/02/23/ARTILkUyKwhu8TC3hLvtpJnx170223.shtml.

7. "双创"工作取得阶段性成果，但制约因素仍需破解

2014年9月，李克强总理在夏季达沃斯论坛上首次提出要在中国掀起"大众创业"、"草根创业"的新浪潮，形成"万众创新"、"人人创新"的新形势，此后他又在各种场合多次阐释了这一关键词。在《2015年国务院政府工作报告》中，李克强总理又提出"打造'大众创业、万众创新'和增加公共产品、公共服务'双引擎'，推动发展调速不减速、量增质更优，实现中国经济提质增效升级"的号召。

"大众创业、万众创新"口号的提出，有利于加快新兴产业发展速度，增加有效中高端供给，增强微观经济活力，扩大就业，增加居民收入，可以说"双创"已成为新常态下经济发展的新引擎。

"十三五"规划时期，我国创业创新形势大好。一方面，各种新兴技术快速发展，宽带大幅提速、移动互联网广泛覆盖、移动终端进一步普及、"互联网+"模式全面渗透，让普通人拥有了更多的创新创业机会。另一方面，股权众筹、P2P网络借贷等新的商业形式，以及基金小镇的战略布局都降低了中小微企业和初创企业的融资难度。

但与此同时，"双创"工作还存在许多制约因素：支撑"双创"发展的政策体系还需进一步完善，一些支持政策尚未完全落实；体制机制障碍还没完全清除，在资金来源、商事制度、信用体系建设、知识产权保护、科技成果转化等方面还存在问题；地区间创业创新发展态势仍不平衡。推动"双创"向更高层次发展需要尽快打破制约其发展的瓶颈。

（二）浙江省经济发展现状

从《2017 年浙江省政府工作报告》可以看出，浙江省坚持以"八八战略"[①]作为总纲领，按照"秉持浙江精神，干在实处、走在前面、永立潮头"的新要求，准确把握浙江省所处的历史方位，切实稳步推进经济社会各项工作。但在经济持续发展、结构调整渐显成效的同时，浙江省经济发展仍然面临诸多挑战。

1. 浙江省经济取得的主要成就

过去几年，浙江省经济发展保持着较为平稳的增长率，产业结构在逐步调整，经济发展呈现稳步向好的基本态势。

（1）**经济总量合理增长**。从 GDP 数值分析，如图 2-3 所示，浙江省近六年的 GDP 总额与增速自 2012 年开始，基本稳定在 8% 左右。2016 年浙江省全年地区生产总值为 46485 亿元，地区增速高于我国全年平均水平（7.5%）。同年浙江省人均 GDP 为 83157.39 元（按年平均汇率折算为 12577 美元），较2015 年增长 7.1%。全省 GDP 第一产业增加值为 1966 亿元，同比增长 2.7%；第二产业增加值为 20518 亿元，同比增长 5.8%；第三产业增加值为 24001 亿元，同比增长 9.4%，对 GDP 的增长贡献率为 62.9%。产业结构进一步优化，

● "八八战略"指的是 2003 年 7 月，中共浙江省委举行第十一届四次全体（扩大）会议，提出面向未来发展的八项举措，即进一步发挥八个方面的优势、推进八个方面的举措。具体内容有：一是进一步发挥浙江的体制机制优势，大力推动以公有制为主体的多种所有制经济共同发展，不断完善社会主义市场经济体制。二是进一步发挥浙江的区位优势，主动接轨上海、积极参与长江三角洲地区交流与合作，不断提高对内对外开放水平。三是进一步发挥浙江的块状特色产业优势，加快先进制造业基地建设，走新型工业化道路。四是进一步发挥浙江的城乡协调发展优势，统筹城乡经济社会发展，加快推进城乡一体化。五是进一步发挥浙江的生态优势，创建生态省，打造"绿色浙江"。六是进一步发挥浙江的山海资源优势，大力发展海洋经济，推动欠发达地区跨越式发展，努力使海洋经济和欠发达地区的发展成为浙江省经济新的增长点。七是进一步发挥浙江的环境优势，积极推进基础设施建设，切实加强法治建设、信用建设和机关效能建设。八是进一步发挥浙江的人文优势，积极推进科教兴省、人才强省，加快建设文化大省。

三大产业增加值结构由 2015 年的 4.3：45.9：49.8 调整为 4.2：44.2：51.6，第三产业占 GDP 比重同比提高 1.8%。第三产业中，高科技、信息、软件行业较 2015 年增长超过 30%，成为第三产业增幅中的主力军。全员劳动生产率[①] 为 12.4 万元／人，同比提高 6.8%。

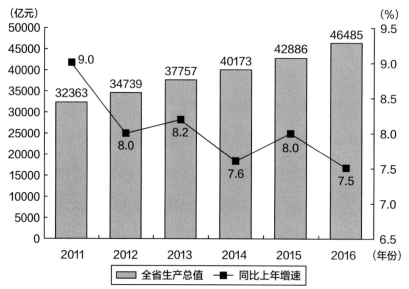

图 2-3　2011~2016 年浙江省 GDP 总值与增速

资料来源：浙江省统计局。

2016 年浙江省全年财政总收入 9225 亿元，比上年增长 7.7%；财政一般公共预算收入 5302 亿元，同口径增长 9.8%。全年全部工业增加值 17974 亿元，同比增长 6.2%；规模以上工业增加值 14009 亿元，增长 6.2%；规模以上工业销售产值 67222 亿元，增长 4.5%；全年规模以上工业企业实现利润 4323 亿

---

❶ 全员劳动生产率指根据产品的价值量指标计算的平均每一个从业人员在单位时间内的产品生产量。它是考核企业经济活动的重要指标，是企业生产技术水平、经营管理水平、职工技术熟练程度和劳动积极性的综合表现。

元，同比增长 16.1%。全年固定资产投资 29571 亿元，同比增长 10.9%。其中，第一产业投资 386 亿元，增长 13.9%；第二产业投资 9109 亿元，增长 3.5%；第三产业投资 20076 亿元，增长 14.6%。2016 年末全部金融机构本外币各项存款余额 99530 亿元，比上年末增长 10.2%，其中人民币存款余额增长 10.3%。浙江省全部金融机构 2016 年本外币各项贷款余额 81805 亿元，较 2015 年增长 7.0%，其中人民币贷款余额增长 7.9%。

自 2012 年起，浙江省 PPI（生产价格指数）① 经历连续多年的负增长。受前期价格持续下降的影响，2016 年浙江工业生产者价格仍然呈现负增长，其中 IPI（工业生产指数）② 下降 2.2%，降幅同比缩小 3.3%；PPI 下降 1.7%，降幅同比缩小 1.9%。2016 年 10 月，浙江省 PPI 实现了五年来的首次正增长（见图 2-4）。2017 年上半年浙江省 PPI 也表现良好。

（2）产业结构转型升级。2016 年作为"十三五"规划的开局之年，是各省市区紧抓落实改革发展目标的关键之年，浙江省积极推动重大改革举措的实施，从"四张清单一张网"③ 入手，深化"放管服"④ 改革，从税制、国企、农村等多方面深入改革，建立军民融合示范区，支持国防建设和军队改革，落实扶贫政策等相关问题。

---

❶ 生产价格指数（Producer Price Index，PPI），是衡量工业企业产品出厂价格变动趋势和变动程度的指数，是反映某一时期生产领域价格变动情况的重要经济指标，也是制定有关经济政策和国民经济核算的重要依据。

❷ 工业生产指数（Industrial Production Index，IPI），是西方国家普遍用来计算和反映工业发展速度的指标，也是景气分析的首选指标。

❸ "四张清单"指的是政府权力清单、企业投资负面清单、政府责任清单、部门专项资金管理清单；"一张网"指的是政务服务网。

❹ "放管服"是简政放权、放管结合、优化服务的简称。

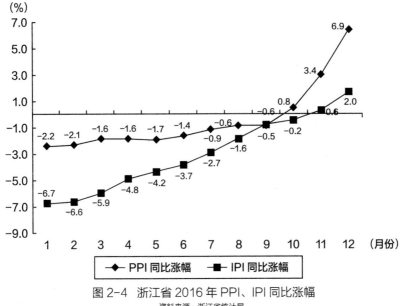

图 2-4 浙江省 2016 年 PPI、IPI 同比涨幅

资料来源：浙江省统计局。

根据《2017 年浙江省政府工作报告》，在产业结构转型升级方面，浙江省积极推动去产能，2016 年全年共处置"僵尸企业"555 家，淘汰或改造产能落后的企业 2000 家，整治"脏乱差"小作坊 3 万家。在国企改制和供给侧结构性改革方面，浙江省杭钢集团在转型升级方面有重大进展，省交通集团水运板块顺利推进破产重组。在去库存方面，2016 年浙江省全省商品房去化周期下降近一半，新建商品房库存降幅近 30%。在去杠杆方面，2016 年浙江省全省工业企业资产负债率下降了 1.8 个百分点，不良贷款余额和不良贷款率出现五年来首次同时下降。在培育经济增长新动能方面，2016 年浙江省科技创新驱动经济发展成效显著，新增 2.66 万件专利发明授权、2595 家高新技术企业、7654 家科技型中小微企业。2016 年浙江省高新技术企业研发经费共计 1130 亿元，占全省 GDP 的 2.43%；高新技术产业增加值为 5310 亿元，同比增长

9.7%，对工业增长的贡献达 57.4%。在促进就业方面，2016 年，浙江省通过开展"千万农民素质提升工程"，使 32.2 万人接受了培训，其中农村富余劳动力 8.7 万人，各类农村实用人才 19.4 万人，在城市化明显加快的进程中，实现转移就业① 7.3 万人，转移就业率达到 83.6%。在金融领域，浙江省积极推进温州金融改革、台州小微金融改革、宁波保险改革等国家战略层面的区域性金融改革。

浙江省是特色小镇的发源地，也是全国推进特色小镇建设卓有成效的省份之一。2016 年，浙江省大力部署小城镇环境综合整治三年行动计划，推进智慧城市、海绵城市的建设与发展，并依托高铁的建设，规划科创小镇，支持各地规划建设高新技术类特色小镇，由此开展以高新技术企业和科技型中小企业为主体的科技企业"双倍增"计划。2016 年全年省级特色小镇建设数量达到 78 个，新增 1500 家高新技术企业、6000 家科技型中小微企业，积极推进重点领域的改革。

2. 浙江省经济面临的主要挑战

（1）块状经济引擎效果减弱。 块状经济是手工业发展过程中的典型现象，指的是在一定区域范围内形成的一种产业集中、专业化极强同时又具有明显地方特色的区域性产业群体的经济组织形式，也被称为区域特色经济。浙江省地理位置优越，是江南水乡的主要集结之地，长期以来，在块状经济发展上具有天然的地理优势，积累了丰富的经验，为经济发展做出了较大的贡献。块状经

---

❶ 转移就业指劳动力迁移。

济广泛分布于浙江全省，在地理版图上形成了块状明显、色彩斑斓的"经济马赛克"，比如宁波的金属制品、嘉兴的纺织品、温州的鞋和衣服、义乌的小商品、温岭的摩托车配件等。十几年来，浙江省在块状经济的支撑下从一个资源小省发展为经济大省，许多特色小镇也脱胎于块状经济。但在产业结构调整、动能转化的改革进行期间，支撑浙江省区域经济发展的块状经济面临着严峻的挑战。

第一，块状经济的基础产业受到整体经济发展情况的影响。浙江省块状经济的大部分产业集中在重工业与轻工业中的制造行业。这些行业普遍存在产能过剩问题，在我国经济结构转型、全球总需求降低、各国采取政策刺激本国经济发展等情况下，企业生存面临着巨大压力。

第二，在经济转型升级的过程中，块状经济也暴露出滞后的弱点。经济转型带来了消费结构的转换升级，规模化、标准化生产的局面逐步被定制化、个性化的需求被打破，尤其在低端制造业市场基本饱和的状态下，旧的企业营销方法难以使其脱离价值链低端，并随人力、土地等成本的增加而举步维艰。此外，块状经济产业主要由中小企业构成，其创新能力不足，知识产权保护意识较弱，人才、技术储备相对不足，只能依靠不断引进技术、设备来完成产业的升级换代，导致企业发展陷入依靠外部科技的不良循环。总体来看，块状经济面临着市场萎缩、产能闲置、创新不足等诸多问题，如何进行模式改革、业态创新是现阶段的主要课题。

第三，块状经济除了受内部问题的制约外，也受到外部因素的负面影响。内部制约因素包括用地指标紧缺、信息网络建设滞后等，外部因素主要是对外合作能力较弱、外部科研创新企业的冲击等。

特色小镇的建设与开发有助于缓解块状经济的部分压力。特色小镇秉承政府引导、企业主体、市场运作的发展模式，传统的块状区域与特色小镇结合，可争取更多的用地指标，缓解用地紧缺的现状；借助特色小镇，块状经济区域可以接入中心城市经济区，借力高速公路网、新型信息网络建设，实现资源共享共赢；块状经济区可以与科技驱动的特色小镇进行优势互补、功能融合。

（2）资本外流趋势明显。自 2015 年起，浙江省资本流出现象日益明显。2015 年 8 月，浙江省全省资本和金融账户出现了 2008 年以来的首次逆差。其中，资本和金融账户收入同比下降 20.28%，资本和金融账户支出同比增长 26.2%。到 2016 年 11 月，资本和金融账户逆差达 137.19 亿美元，超过了 2015 年全年逆差规模的两倍（见图 2-5）。浙江省的跨省与区域投资活动热度不减，不少资金流向外省寻找投资机会。[①]

浙江省资本流出主要受汇率流出和经济结构变化影响。从汇率方面来看，人民币对美元汇率的波动受美联储加息预期变化的影响，资本流出的压力也随之变化。从经济结构方面来看，房地产、传统制造业等行业的增速趋缓，导致外商直接投资（Foreign Direct Investment，FDI）的流入减少，撤资加速。在国内经济转型的大环境下，浙江省大型企业积极开拓海外市场，与国外企业联合进行新技术、新产品的研发，以寻求企业转型，"走出去"的步伐也在加快。

---

❶ 陈隆，吴铮，殷书炉. 浙江省资本流出分析 [J]. 中国金融，2017 (2).

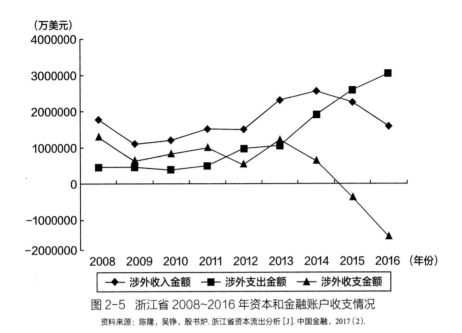

图 2-5　浙江省 2008~2016 年资本和金融账户收支情况

资料来源：陈隆，吴铮，殷书炉.浙江省资本流出分析 [J]. 中国金融，2017（2）.

在"十三五"规划的既定目标下，经济的继续增长与 GDP 的持续增速同期要求信贷水平进一步提升，在高位的人民币存款余额 /GDP 比重的现状下，提高资金使用效率，避免单一依靠信贷扩张来刺激 GDP 增长，是浙江省需要解决的改革问题之一。特色小镇的建设可以吸引省内资金驻扎或回流，进而满足省内需求，获取资本利得。

（三）嘉兴市经济发展现状

2016 年，嘉兴市总体上统筹推进"五位一体"①，战略上协调推进"四个全面"②，全力做好稳增长、促改革、调结构、惠民生、防风险等各项工作，经

❶ "五位一体"是中共十八大报告的"新提法"之一。经济建设、政治建设、文化建设、社会建设、生态文明建设——着眼于全面建成小康社会、实现社会主义现代化和中华民族伟大复兴，中共十八大报告对推进中国特色社会主义事业作出"五位一体"总体布局。
❷ "四个全面"，即全面建成小康社会、全面深化改革、全面依法治国、全面从严治党。

济社会保持了持续平稳健康发展的态势，并成功举办了第三届世界互联网大会（乌镇峰会），实现了"十三五"规划的良好开局。

1. 嘉兴市经济取得的主要成就

如表2-1所示，据嘉兴市统计局的数据显示，2016年嘉兴市全市生产总值为3760.12亿元，同比增长7.0%。其中，第一产业增加值达143.85亿元，增幅为0.9%；第二产业增加值为1911.57亿元，增幅为5.7%；第三产业增加值为1704.70亿元，增幅为9.1%。全年人均生产总值为81751元，增长6.4%。城乡居民人均可支配收入分别为48926元和28997元，比值缩小至1.687∶1。实现财政一般公共预算收入387.93亿元，同比增长10.4%，财政民生支出占一般公共预算支出比重首次达到80%，人民生活水平显著提高。财政收入与财政支出连续五年取得稳步增长，财政总收入年平均增长率为10%，财政总支出年平均增长率接近13%（见图2-6）。

表2-1 2016年嘉兴市经济数据

经济指标	经济数据
生产总值	3760.12亿元
人均生产总值（常住）	81751元，约12308美元
工业增加值	1727.09亿元
规模以上工业企业数（年主营业务收入2000万元）	5063家
全市财政一般公共预算收入	387.93亿元
地方财政收入	673.37亿元
城镇居民人均可支配收入	48926元
年末金融机构人民币存款余额	6630.22亿元
年末金融机构人民币贷款余额	5185.23亿元
住房存款余额	3245.59亿元

资料来源：嘉兴市统计局。

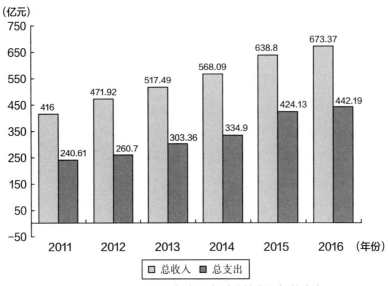

图 2-6　2011~2016 年嘉兴市财政总收入与总支出

资料来源：嘉兴市统计局。

　　嘉兴市紧紧围绕"调结构、稳增长，抓统筹、促转型，优环境、强基础，重民生、促和谐"的工作要求，充分发挥综合职能优势，更加注重结构调整、更加注重改革开放、更加注重民生改善、更加注重规划引导，各项工作取得了显著成效。在农业发展方面，嘉兴市深入推进"三改一拆"①，2016 年"三改"面积达 3475.6 万平方米，新增平原绿化 2.6 万亩。2016 年嘉兴市培育了 8 个美丽乡村示范镇、28 个精品村，改造了 1.2 万户集聚农房。在环境改善方面，嘉兴市深化"五水共治"和"五气共治"，新建 391 公里城镇污水管网，完成 1358 万立方米河道的清淤工作，实行全域露天秸秆、废弃物禁烧，推进 12 个主要行业的 28 家燃煤热电企业、59 家年耗煤万吨以上企业的工业废气整治工

---

❶ "三改一拆"，即浙江省开展的旧住宅区、旧厂区、城中村改造和拆除违法建筑行动。

作，全市建成绿道 902 公里，市区空气质量优良率达 74.3%，PM2.5 平均浓度下降 17%。在清洁能源方面，嘉兴市支持清洁能源产业的发展，发展光伏发电产业，并按规定完成了阶段性任务指标。

嘉兴市积极发展新型科技，成功获批浙江省全面创新改革试验区，秀洲国家高新区正式挂牌成立，嘉兴科技城的扩容升级也迈出了实质性的步伐。根据嘉兴市统计局数据，2016 年嘉兴市新增 1654 件发明专利授权，新认定 184 家高新技术企业，有 14 家企业跻身浙江省高新技术企业"百强榜"，全国首家专业科技保险公司也成功落户，国家级科技企业孵化器已在嘉兴初步实现全覆盖。作为会展经济发达的浙江省的一员，嘉兴市 2016 年成功承办了第三届世界互联网大会（乌镇峰会），2017 年成功举办了国际 VR/AR 技术与产业大会。

2016 年末，嘉兴市共有 30 家境内上市公司，累计融资额达 750 亿元。其中，13 家公司已在中小板上市，占浙江省中小板上市公司总数的 9.9%；3 家公司已在创业板上市，占浙江省创业板上市公司总数的 5%。南湖基金小镇的开发与建立也促进了嘉兴市金融业的发展。截至 2017 年 3 月，南湖基金小镇已为嘉兴市 57 个项目提供了 64.6 亿元的融资支持。

2. 嘉兴市经济面临的主要挑战

（1）**经济下行压力仍未消失**。我国宏观经济层面总体趋紧，探索经济新增长点的需求越发重要和迫切。现阶段，嘉兴市经济下行压力不断增大。图 2-7 显示了嘉兴市 GDP 增长率 2011~2016 年的变化情况，从中可以看出，嘉兴市整体的经济增速呈现平缓下滑的趋势，2016 年出现小幅回升。嘉兴市 PPI 数据也经历了连续 59 个月的下降，2016 年 11 月出现首次上涨。虽然 2016 年后期嘉兴市经济有良好表现，但在传统产业产能过剩明显、经济结构调整任务繁重、环境资源约束较大等制约发展的不利因素影响下，嘉兴市经济发展仍面临较大的挑战和压力。

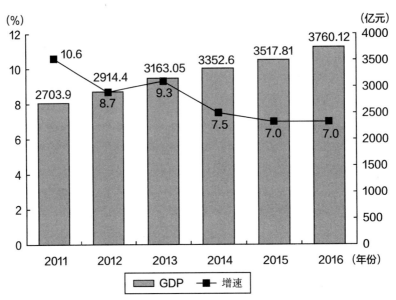

图 2-7　2011~2016 年嘉兴市生产总值及增速

资料来源：嘉兴市统计局。

　　（2）三大产业比例结构有待优化。产业结构优化升级是推动经济增长、提高经济增长质量的关键所在，也是转变经济发展方式的主要途径。与"长三角"周边城市相比，嘉兴市产业结构升级速度相对缓慢，第二产业占 GDP 比重过半，第三产业所占比重偏低，低于长三角地区平均水平。比如，装备制造等高技术行业、生产性服务行业规模较小，占 GDP 比重较小。

　　嘉兴市经济增长主要还是依靠投资类的粗放式增长方式，创新和消费驱动增长不明显。在土地、资源、环境等制约因素的影响下，嘉兴市全要素生产率的提高对 GDP 的贡献率不高。嘉兴市制造业总体上仍处于产业链的低端，纺织、服装、机械、化工、化纤等传统产业对工业总量增长的贡献相对较大。传统产业升级速度缓慢，高新技术产业发展水平相对滞后。嘉兴市经济发展仍以中小企业为主体，大企业、大集团数量少。这会阻碍其他产业乃至整个经济的增长。

（3）人口规模对城市基建提出新要求。 从地理区域来讲，嘉兴市位于杭州都市圈、"沪杭金"[1]发展带上的重要位置，是不同商圈竞相争夺的主要地点之一，在为其发展带来机遇的同时也带来了战略规划部署方面的挑战。

受到大城市人口引流迁出等因素的影响，嘉兴市常住人口逐年增加，增速也较快。在嘉兴市目前交通拥堵、看病难的现状下，常住人口的大幅增加为配套公共服务基础设施、就业、社会治理方面带来了更大的压力，生活环境质量与民众期望仍有距离，民生工作仍存在不少短板，对嘉兴市的健康发展而言是把"双刃剑"。人口数量的增加并未使嘉兴市人口结构发生实质性改变，在嘉兴市吸引的新增人口中，优秀人才所占比例较小，没有达到吸纳优质人才落户发展的目的。常住人口的增加还使得嘉兴市房价持续上涨，吸引大量炒房客进入嘉兴房地产市场，造成居住生活成本的推高，不利于继续吸引优秀人才。

（四）私募股权基金和互联网金融发展现状

私募基金被视为新时期我国投融资体制改革和建设的重要力量，对促进国民经济发展、完善资本市场体系、优化经济金融结构具有重要意义。近年来，鉴于发展私募基金行业具有重要意义，在国家政策的支持下，各地先后试水私

---

❶ "沪杭金"指上海、杭州、金华。

募基金投资，采取一系列招商策略，吸引以私募股权机构为代表的创新金融机构进入当地注册和办公，在促进金融产业配置优化的同时，更推动和促进了成长性企业的发展，并为当地政府带来了可观的财政收入。长三角地区历来是我国经济发展的重要推动器之一，经过数十年的积累，这一区域已经成为我国经济发达、企业密集、人才会聚、财富积累的核心地带，也是较早一批积极进行私募基金行业尝试的地区。南湖基金小镇位于长三角地区的核心地带，具有得天独厚的地理位置和经济发展基础，发展私募股权行业有望成为嘉兴经济新的增长点。

目前，我国宏观经济正在经历供给侧结构性改革、去杠杆、补短板的发展阶段，经济下行压力有所增加，轻资产的小微企业的融资难问题也加剧了对实体经济的抑制。互联网金融包容性、普惠性、开放性的特征，降低了融资门槛，更有利于中小微企业的发展，能够调整资金流向有资金需求和发展前景的行业和企业，从而带来资源的优化配置，激发实体经济活力。南湖基金小镇正以嘉兴市大力布局"互联网＋"产业为契机，在引进私募股权基金为主要金融业态的基础上，以互联网金融为重要拓展方向，进一步延伸金融产业链，升级平台，打造基金小镇的升级版。

1. 私募股权投资基金①

狭义的私募股权投资基金（Private Equity，PE）是指以非公开形式募集资

---

❶ 最初，中国证券投资基金业协会公布的私募登记备案月报中将私募基金分为四种：私募证券基金、私募股权基金（PE）、创业投资基金（VC）以及其他，其中私募证券基金和私募股权基金为主要类型，创业投资基金和其他类型的基金数相对较少。从 2017 年 3 月开始，中国证券投资基金业协会对外公布的月报将私募股权基金和创业投资基金合二为一。

金，对已经形成一定规模并产生稳定现金流的非上市成熟企业进行权益性投资，投资者按照其出资份额分享投资收益、承担投资风险的投资基金。广义的私募股权投资基金包括对种子期、初创期、发展期、扩张期以及成熟期企业进行权益投资的各类基金，如风险基金、产业基金和并购基金等。

美国早在 20 世纪 40 年代就出现了私募股权投资基金。1946 年，波士顿联邦储备银行的行长拉尔夫·弗兰德斯和哈佛教授乔治·多里特成立的美国研究与发展公司（ARD）被认为是第一家私募股权投资基金，该基金成立的目标是通过私营机构解决中小企业融资难题并提供专业管理服务。在 20 世纪 70 年代末 80 年代初，美国劳工部修改《员工退休收入保障法案》的准则，放开养老金对私募股权等高风险资产类别的投资，促进了当时美国私募股权基金的快速发展。在 20 世纪 80 年代，私募股权基金支持了美国高科技产业的发展，之后在 90 年代到 21 世纪初的第三次科技革命中经历了繁荣阶段，并在 2000 年后走向成熟。

私募股权投资基金在我国起步相对较晚。1986 年，为支持各地高科技企业的发展，国家科学技术委员会和财政部联合其他股东共同投资设立的中国创业风险投资公司（1998 年因违规被清算），被认为是我国第一家风险投资机构。2000 年之前，这一行业在发展早期呈现以下几个特点：一是行业主体基本为创业投资基金，二是政府主导，三是外资活跃。在这一期间由政府出资设立的国有创投机构多缺少对行业的了解，不具备市场化运作机制，另外受制于退出机制不畅，成功者寥寥。其中，1999 年 8 月成立的深圳市创新科技投资有限公司（后更名为深圳市创新投资集团，简称"深创投"）较为成功，在行业中声名显赫。20 世纪 90 年代 IT 和互联网的快速发展吸引了海外的投资机构进入我国，后来随着新浪、搜狐等互联网企业在海外上市，这些机构获得了丰厚回报。例如，新浪网在 90 年代曾接受过日本软银集团、美国高盛集团、新加坡经济发展局和美国华登国际投资集团等海外著名投资机构的投资，1999 年 11 月新浪进行新一轮融资，这些机构又都参与了增资。2000 年 4 月新浪在美国纳斯达克上市，为这些海外投资机构带来了较高的回报。

进入 21 世纪之后，经济的高速增长一方面造就了个人财富的增长，另一方面造就了高成长的优质投资标的，从而催生了一批本土市场化运作的民间私募股权投资机构。2000 年 4 月成立的达晨创投是这一批投资机构的代表之一。在这一阶段，监管及退出机制的进一步完善成为促进行业发展的两支重要推动力量。一方面，2005 年，国务院发布《创业投资企业管理暂行办法》，明确了私募股权投资行业的法律地位，标志着该行业进入规范化发展阶段。2006 年，修订后的《中华人民共和国合伙企业法》颁布，承认有限合伙企业的组织形式，为合伙制私募股权基金的设立提供了法律依据。另一方面，我国早期的私募股权投资发展受制于退出机制不畅。21 世纪以来，这一情况得到了有效改善：2004 年中小板挂牌，2008 年以来天津股权交易所等地方性股权交易市场陆续成立，2009 年创业板挂牌，2013 年新三板扩大至全国，资本市场的进一步完善，为私募股权投资提供了多元化的退出机制，促进了国内私募股权基金的快速发展。根据《中华人民共和国证券投资基金法》、《私募投资基金监督管理暂行办法》和中央编办相关通知要求，自 2014 年 2 月 7 日起，中国证券投资基金业协会（以下简称"基金业协会"）开始正式开展私募基金管理人登记、私募基金备案工作。

（1）我国私募股权投资基金概况。一是我国私募股权投资基金的规模。基金业协会公布的私募登记备案月报显示，尽管受关于登记备案的监管新规影响，登记的管理人数曾在 2016 年出现过明显下滑，但备案的私募股权基金及创投基金实缴规模近年来仍呈稳步增长的趋势（见图 2-8）。截至 2017 年 6 月底，已经备案的私募股权投资基金实缴规模达 58310 亿元，是已备案的私募证券投资基金实缴规模的两倍有余。[①] 图 2-8 显示了已登记的私募基金管理规模的存量情况。

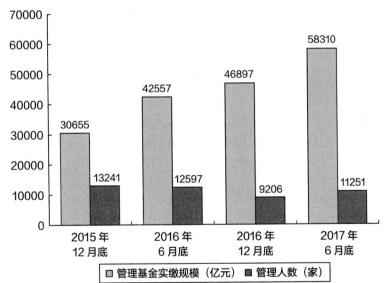

图 2-8 私募股权投资管理人数及管理基金实缴规模

资料来源：基金业协会。

[❶] 2017 年 3 月之后，基金业协会在私募登记备案月报中将私募股权管理人和创业管理人合并统计，图 2-8 中的数据包括了创业管理人。

图 2-9 显示了近年来已公布数据的私募股权投资基金投资的动态发展状况。从图中可见，2015 年之后私募投资案例数显著增加，2016 年后私募投资金额有明显增长，私募股权投资趋于活跃。

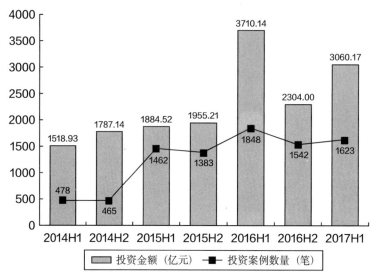

图 2-9　2014~2017 年中国私募股权投资市场投资总量半年度环比比较

资料来源：清科研究中心。

二是不同类别私募股权投资基金的占比情况。根据清科研究中心的统计，2017 年上半年可将已公布数据的私募股权投资案例分为成长资本、上市定增、并购投资及房地产投资四种，从案例数及投资金额两方面统计，均是成长资本占主导地位，上市定增次之，并购投资排在第三位，房地产投资占比最小（见图 2-10、图 2-11）。

（2）我国私募股权投资基金的投资者（LP）构成情况。 与国外机构投资者占主导地位的情况不同，目前我国私募股权投资基金的投资者（Liminted Partner，LP）以企业为主导。同时，由于保险、证券、银行等金融机构的股权

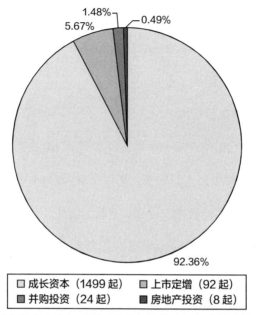

1.48%　　0.49%

5.67%

92.36%

□ 成长资本（1499 起）　　□ 上市定增（92 起）
■ 并购投资（24 起）　　■ 房地产投资（8 起）

图 2-10　2017 年上半年中国私募股权投资市场投资策略统计（数量）

资料来源：清科研究中心。

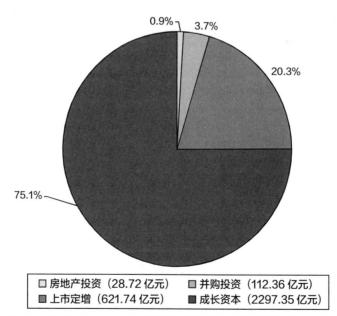

0.9%　　3.7%

20.3%

75.1%

□ 房地产投资（28.72 亿元）　　□ 并购投资（112.36 亿元）
■ 上市定增（621.74 亿元）　　■ 成长资本（2297.35 亿元）

图 2-11　2017 年上半年中国私募股权投资市场投资策略统计（金额）

资料来源：清科研究中心。

投资逐步放开，金融机构也日益成为投资私募股权基金的一支重要力量。另外，我国政府主导成立投资基金已经有多年的历史，所以在一些私募基金 LP 中，也不乏财政资金的身影。

根据投中集团旗下股权投资门户网站——投中网发布的报告，截至 2016 年 6 月，投中信息旗下的 CVSource 共收录 8787 家 LP 数据，统计发现，企业投资者在境内 LP 群体中占比达 61%，是占比最大的 LP 机构类型，之后依次是 VC/PE 投资机构，政府机构，银行、保险、信托，引导基金，资产管理公司，母基金（FOF），大学及基金会和公共养老金。

（3）我国私募股权投资的退出情况。 目前国内私募股权投资的退出方式有首次公开募股（Initial Public Offerngs，IPO）、新三板挂牌、并购、股权转让、借壳上市、回购、清算等。根据清科研究中心的统计，在 2017 年上半年的 755 笔退出案例中，各种退出方式占比情况如图 2-12 所示。从中可见，IPO 和新三板挂牌是目前私募股权投资退出的两种主要方式，在统计的退出案例中分别占比 37.1% 和 36.8%。

一是 IPO。通过 IPO 方式退出，需要达到严格的上市标准。以 A 股主板、中小板和创业板中上市要求最为宽松的创业板为例，其 IPO 的要求包括：①持续经营三年以上；②最近两年连续盈利且净利润累计不少于 1000 万元，或者最近一年盈利且营业收入不少于 5000 万元；③最近一期末净资产不少于 2000 万元；④企业发行后的股本总额不少于 3000 万元。同时，企业进行 IPO 需要经过冗长的上市准备阶段，并需要请券商、律师事务所及会计师事务所等服务机构介入进行申请材料的准备，这会消耗企业大量的精力和财力，适合达到一

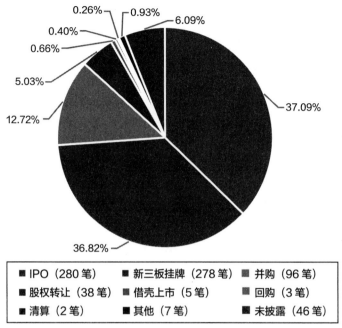

0.26%   0.93%   6.09%
0.40%
0.66%
5.03%
12.72%   37.09%

36.82%

- ■ IPO（280 笔）　■ 新三板挂牌（278 笔）　■ 并购（96 笔）
- ■ 股权转让（38 笔）　■ 借壳上市（5 笔）　■ 回购（3 笔）
- ■ 清算（2 笔）　■ 其他（7 笔）　■ 未披露（46 笔）

图 2-12　2017 年上半年私募股权各退出方式占比情况
资料来源：清科研究中心。

定营业收入或盈利水平的成熟企业。同时，在目前国内新股发行核准制的背景下，企业 IPO 的节奏受制于新股发行政策的变动。据统计，A 股历史上曾出现过 9 次 IPO 暂停，历时长短不一。历时最长的一次从 2012 年 10 月至 2014 年 1 月，长达 15 个月。在这样的 IPO 空窗期，私募股权投资基金的退出节奏将受到较大影响。

二是新三板挂牌。新三板，即"全国中小企业股份转让系统"（以下简称"全国股转系统"），于 2013 年 1 月 16 日正式揭牌运营。根据其官网的介绍，全国股转系统是继上交所、深交所之后的第三家全国性证券交易场所，也是我国第一家公司制运营的证券交易场所。全国中小企业股份转让系统有限责任公司为其运营机构，注册资本 30 亿元。

"新三板"这一名称对应的是全国股转系统的前身——"旧三板"，即 2001 年成立的股权代办转让系统，主要承接 A 股退市公司及原 STAQ（Securities Trading Automated Quotations System，即证券交易所和全国证券交易自动报价系统）、NET（National Electronic Trading System，即全国电子交易系统）历史遗留的公司。2006 年中关村科技园区非上市股份有限公司代办股份报价转让系统正式推出，即新三板。2012 年，新三板从中关村扩大试点至上海、湖北武汉、天津高新技术产业园区。2013 年，全国股转系统官网上线后，新三板的平台范围扩大至全国。

与严格的 IPO 条件相比，新三板的上市条件非常宽松：①公司经营满两年；②有持续经营记录；③公司治理结构健全，运作规范；④股份发现和转让行为合法合规；⑤主板券商推荐。这些相对宽松的上市条件为大量未达到 IPO 标准的初创企业和小微企业提供了上市融资及股权转让平台，并成为私募股权投资基金的重要退出通道。根据全国股转系统官网数据，截至 2017 年 8 月底，新三板挂牌企业总数已达 11551 家，超过了沪深两家交易所的总和。

三是 PE 二级市场。私募股权二级市场（Private Equity Secondary Market）主要是指从已经存在的 LP 手中购买相应的私募股权权益，也包括从 GP（General Partner）手中购买私募股权投资基金中部分或所有的投资组合。私募股权二级市场为 LP 提供了新的退出渠道，其特点可以总结为以下几点：①投资透明度较高，可有效降低风险，投资时可以明确地看到所投基金的已投项目情况，极大地减小了不确定性带来的风险；②优化投资组合和收益，由于投资项目更明确，投资组合能更有效地分散和组合，加上有折价获得投资机会的可能性，从而能够达成优化投资组合和收益的目的；③显著改善流动性，相比于普通私募股权投资基金，投资私募股权二级市场的基金能够以相对更短的时间实现退出，显著改善流动性。目前，欧美市场中 LP 二级市场交易份额平均已达到当年募资总额的 10%左右①。国内的 PE 二级市场尚不发达，其中两个主要参与主体一是各地建立的股权交易市场（俗称四板市场），二是专注于 LP 二级市场的基金。

据证监会官方数据显示，截至 2016 年 12 月，全国共有 40 家区域性股权交易市场，挂牌企业总数达 1.74 万家，展示企业 5.94 万家。其中，2013 年 5 月，成立的前海股权交易中心挂牌企业数量已达 13521 家，超过新三板。国内较早成立的地方性股权交易中心是 2008 年 9 月成立的天津股权交易所。2010 年 5 月，北京金融资产交易所成立，为企业提供融资服务，同时提供股权交易服务。为促进 PE 退出渠道多元化、建设 PE 二级市场，2012 年 6 月，北京金融资产交易所与北京产权交易所、北京股权投资基金协会、北京股权登记管理中心共同发起设立了"中国 PE 二级市场发展联盟"，但未查到关于该联盟的后续公开信息。2010 年 7 月上海股权托管交易中心成立，推出了中小企业股权报价系统，2014 年 4 月又推出了私募股权投资基金（PE）份额报价系统，为有限合伙制的私募股权投资基金提供份额信息登记、报价信息发布、意向信息交互、交收服务和过户信息登记等服务。除北京和上海之外的其他省市区也陆续成立了地方性的股权交易市场。

---

❶ 路跃兵，杨辛鑫. 私募股权 LP 配置策略、投资实践与管理之道 [M]. 北京：中信出版社，2016.

2017 年 7 月 1 日起，证监会于 5 月发布的《区域性股权市场监督管理试行办法》开始施行。根据该办法，各地的区域性股权市场不能接受其所在省级行政区域外企业挂牌。另外，该办法规定，各省、自治区、直辖市、计划单列市行政区域内设立的运营机构不得超过 1 家，可见全国 40 家股权交易场所将面临整合。目前，对于通过地方股权交易市场实现的 LP 退出尚未有官方或社会研究机构的统计数字。

同时，国内开始出现专注于 LP 二级市场的基金，如最早于 2009 年成立的中国基母投资基金（Fundmother），以及后来成立的歌斐资产、景天资产、盛世投资和君紫天马等。其中，歌斐资产是诺亚财富旗下的子公司。2013 年 4 月，歌斐资产发起了专注于私募股权投资二级市场的"歌斐 S 基金"，并完成了首期募集，规模超过 5 亿元。同时，歌斐资产、诺亚财富和嘉定创投还联合国内知名的私募股权投资基金、私募股权投资母基金以及第三方专业服务机构共同发起了俱乐部性质的"S 联盟"，旨在通过搭建信息共享、资源互补的平台，以联盟会员间开展定期、不定期活动的方式共同研讨中国私募股权投资二级市场所面临的机遇和挑战。2016 年 9 月，白马资本联合君紫资本、盛世投资共同发起成立了专注于优秀基金二手份额转让的专项退出基金"君紫天马"。"君紫天马"一期的投资将主要投向优质二手基金份额，少量份额将投资于优秀项目份额。

中国私募股权二级市场交易平台若想获得长足发展，一是要丰富转受让资源，二是要完善估值体系。丰富的转受让资源有赖于基金管理人的市场影响力。如果基金管理人投资的基金公司规模庞大，每年新增的项目都可以在 3 年左右转化为转受让资源，同时与市场中其他管理人拥有较好的合作关系，则可以更加容易地获得优质的转受让资源。此外，基金管理人需要建立行业数据库，通过基础数据的跟踪，可以运用数量模型建立科学的筛选体系，提高项目质量。完善的估值体系能够为报价提供依据，可以通过内部团队评估、外部顾问评估、专家顾问团队等方式，聘用四大会计师事务所及市场咨询机构，邀请业内专家提供智力支持，采用多种估值手段（收益法、市场法、资产基础法）进行评估。

2. 互联网金融

互联网金融被定义为传统金融机构与互联网企业利用互联网技术和信息通信技术实现资金融通、支付、投资和信息中介服务的新型金融业务模式。互联网金融行业的发展在我国经历了缓慢、迅速再到规范的过程。

（1）主要业态发展。我国互联网金融的历史最初可以追溯到 2005 年以前传统金融行业的互联网化阶段。在 2005 年之后，由电子商务衍生出的第三方支付经历了迅速发展的阶段，并在 2013 年之后产生了更多种类的业务模式，比如互联网支付、P2P 网络借贷平台、股权众筹、互联网理财、互联网保险等全新的互联网金融模式。中国人民银行发布的《2016 年支付体系运行总体情况》显示，2016 年互联网支付业务交易笔数为 2100.8 亿笔，交易规模为 2184.22 万亿元；第三方支付机构完成的交易笔数为 1639.02 亿笔，交易规模为 99.27 万亿元，同比增长率分别为 99.53%和 100.65%。

对 2016 年 P2P 网络借贷的发展进行研究可以发现，一方面，正常运营的 P2P 网络借贷平台在减少，截至 2016 年 12 月共有 4856 家 P2P 网络借贷平台

（仅包括有 PC 端业务的平台，且不含港澳台地区，下同），其中正常运营的仅有 1625 家（占比为 33.5%）。另一方面，截至 2016 年末，全国 P2P 借贷行业累计交易额保守估计约为 3.36 万亿元，其中 2016 年交易额为 19544 亿元，同比增幅为 100.4%；2016 年 12 月交易额约 2070 亿元，环比增长 2.6%。总的来说，P2P 网络借贷行业呈现集中趋势，大平台的市场占有率越来越高，而小平台面临着巨大的竞争压力。随着监管的加强和利率市场化改革，P2P 网络借贷的收益率开始趋于合理化，2016 年平均投资利率约为 9.93%，同比减少 0.9 个百分点。

2016 年下半年以来，股权众筹市场整体呈现下行的趋势。根据中关村众筹联盟发布的《2017 互联网众筹行业现状与发展趋势报告》，2016 年全年，全国互联网非公开股权融资平台数量共计 145 家，其中正常运营的平台数量共计 118 家，平台下线或众筹业务下架的平台数量共计 26 家，转型平台共计 1 家。截至 2016 年底，整体新增项目数量共计 3268 个，同比减少 4264 个，降幅达 56.6%。其中，上半年和下半年呈现显著不同的特征，从 2016 年 6 月开始，平台投资人次开始呈现显著的下降趋势，由 5 月的 8500 人次骤降至 6 月的 5900 人次。但是，另一项指标却在稳步上涨，2016 年新增项目成功融资额共计 52.98 亿元，同比增加 1.08 亿元，涨幅为 2.1%。

2017 年 2 月 14 日，保监会公布 2016 年互联网保险年度发展数据。2016 年共有 117 家保险机构开展互联网保险业务，实现签单保费 2347.97 亿元，相较于 2015 年的 2234 亿元略微增长。从参与主体来看，财产险为 56 家，共创收签单保费 403.02 亿元；人身险为 61 家，共创收 1944.95 亿元。2016 年新增互联网保险保单 61.65 亿件，占全部新增保单件数的 64.59%。其中，退货运费险签单件数达 44.89 亿件，同比增长 39.92%；签单保费 22.36 亿元，同比增长 24.97%。2016 年，云计算、移动互联网等新技术在保险业的应用不断深入。

（2）**风险专项整治**。在互联网金融的蓬勃发展中，行业风险事件也频繁发生。针对庞氏骗局、自融、非法集资等市场乱象，2016 年政府密集出台了一系列监管政策，因此 2016 年被称为互联网金融"监管元年"。自此，我国的互联网金融行业开始逐步回归理性增长，接下来将是以合规与安全为主题的行业整顿与洗牌时期。

2016 年 4 月，国务院与 14 部委会议决定，正式开展互联网金融行业的专项整治工作，限期一年。10 月，国务院印发《互联网金融风险专项整治工作实施方案》，重点对 P2P 网络借贷、股权众筹、互联网保险等业务进行整治，规范市场业态，使互联网金融能够切实为"双创"提供金融支持。经过一年的整顿，整体上互联网金融的风险水平在下降，风险案件频发的情况得到明显改善。但是由于时间紧、任务重以及企业的合规定性需要不断讨论沟通等，在各地开展整顿工作的实际过程中还存在不少问题，原定于 2017 年 5 月底完成的互联网金融专项整治工作，将延期一年左右，大部分整改平台将有充足的时间推进整改工作，届时还未整改完毕的平台将被直接取缔。严苛监管的办法造成了一定的市场进入壁垒，但是从长远来讲，我国支持互联网金融发展的政策方向没有改变，监管只是行业发展必经的一环，同时也为绿色健康可持续的互联网金融环境奠定了坚实的基础。

目前，在全国范围内，多个省级政府以及地市级政府出台了针对互联网金融的监管政策。以下主要梳理了北京、上海以及深圳三个地区的监管政策。

北京市是互联网金融机构的主要聚集地之一，其互联网金融发展较为活跃，体量较大。部分互联网金融机构利用法律漏洞进行非法集资，北京市政府对此高度重视。2016 年 1 月，北京市政府出台了《北京市进一步做好防范和处置非法集资工作的管理办法》；同年 3 月，北京市出台了群众举报涉嫌非法集资线索最高可获 10 万元奖励的政策。同时，北京市金融局亦在探索北京市 P2P 网络借贷领域的监管模式，推出了"1+3+N"模式。"1"即成立北京市网贷行业协会，充分发挥其行业自律管理职能，并在此基础上进一步形成行业自律管理体系；"3"即采取产品登记、信息披露和资金托管三大管理措施；"N"即北京市的各家 P2P 网络借贷机构。2017 年初，北京市金融局向多家P2P 网络借贷机构下发整改意见通知书，即《北京市网络借贷信息中介机构事实认定整改通知书》（以下简称《整改通知书》）。整改意见多达 100 余项，几乎涵盖了所有合规性细则，包含资金端、资产端、信息披露、风险提示、银行存管、上报机制等，并且每家机构需要整改的问题各有不同。截至 2017 年 4 月 5 日，已有 153 家 P2P 网络借贷机构收到《整改通知书》[1]。对于未收到《整改通知书》的在京注册的 P2P 网络借贷机构，应于 4 月底前向注册地所在区金融办联系申报，对于逾期未申报的机构，北京市金融局将按照相关规定对其进行处理。2017 年 7 月，结合本市实际，北京市金融局研究起草并发布了关于《北京市网络借贷信息中介机构备案登记管理办法（试行）（征求意见稿)》的通知。总体

---

❶ 资料来源于网贷之家。

而言，北京市对互联网金融的整治方案已初步成形，并取得一定成效，之后或将制定北京地区的互联网金融监管细则。

上海市互联网金融的发展水平总体较高，但非法集资、恶意骗款、集中违约和客户信息被盗等事件也时有发生，上海市政府对此亦高度重视，在贯彻中央对互联网金融整治的大框架下，也制定了相关监督管理办法。在公司注册方面，2016 年 4 月，上海市发布的《非法集资工作的实施意见》将暂停注册的公司范围从"互联网金融"扩展到"投资类"公司。在非法集资方面，2016 年 4 月，上海市政府发布《上海市进一步做好防范和处置非法集资工作的实施意见》，表示将充分运用互联网等技术手段，加强对非法集资的监测和预警。2016 年 6 月，上海证监局发布了《关于做好互联网金融风险专项整治工作的通知》，要求辖内证券期货经营机构就五大重点整治内容展开自查，包括利用互联网开展非法活动、利用互联网开展业务不规范、与未经取得相应资质的互联网企业合作、与互联网企业合作开展业务不规范，以及通过互联网企业开展资管业务不规范或跨界从事金融业务。2017 年 4 月 28 日，上海市互联网金融行业协会发布《互联网金融从业机构区块链技术应用自律规则》，旨在引导、规范和促进互联网金融行业应用区块链技术更好服务实体经济，切实保护社会公众权益。2017 年 6 月 1 日，上海市金融办在广泛征求各方意见的基础上，研究起草并发布了《上海市网络借贷信息中介机构业务管理实施办法（征求意见稿）》。2017 年 6 月 10 日，上海市互联网金融行业协会发布了《上海市网络借贷电子合同存证业务指引》（以下简称《业务指引》），全国首个针对网络借贷电子合同存证业务的指引性文件正式落地。《业务指引》对与网络借贷电子合同存证相关的具体业务做出了详细指引。比如，为保障存证人①的独立性，《业务指引》规定：存证人不得为 P2P 网络借贷平台担保、背书，不承担借贷违约责任；双方合作必须权责分明，P2P 网络借贷平台为数据真实性负责，存证人不承担审核责任，在合作过程中，双方应共同制定接口规范，平等协商费用。此外，区别于《网络借贷信息中介机构业务活动管理暂行办法》，《业务指引》还做出了"平台只能指定唯一一家存证人合作"的严格规定。相对其他地区对互联网金融的监管而言，上海市的监管显得更为全面、系统。

作为 P2P 网络借贷"重镇"，深圳市的 P2P 网络借贷平台风险问题尤为突出。为更好地防范互联网金融风险，深圳市金融办表示要严格控制互联网金融平台数量，自 2016 年 1 月 1 日起，深圳市不再新增 P2P 网络借贷平台数量，待现有平台按照银监会监管要求全部整改规范完毕后，视情况再做调整。为防止 P2P 网络借贷的风险进一步蔓延，深圳市探索创建了"社会监督员"制度以及 P2P 网络借贷平台分级分类管理和黑名单制度。深圳市金融办表示，将组织对 P2P 网络借贷平台进行分类评级，设置 A（优良）、B（良好）、C（关注）、D（不良）四档，评级结果作为衡量 P2P 网络借贷平台的风险程度、实施日常监管的重要依据。进入黑名单的平台、法人代表及主要股东终身不得进入金融以及互联网金融行业。与此同时，深圳市也正在探索创建深圳市地方金融风险预警和监管平台，实现信息化电子监管手段，逐步建立健全本市的互联网金融监管机制。2016 年 8 月 30 日，深圳市互联网金融协会发布《关于规范深圳市

---

① 存证人指第三方电子合同服务企业。

校园网络借贷业务的通知》（以下简称《通知》）。这是继教育部办公厅、中国银监会办公厅发布《关于加强校园不良网络借贷风险防范和教育引导工作的通知》和《网络借贷信息中介机构业务活动管理暂行办法》之后，首个地方性"校园网贷"规范。《通知》强调，所有企业在深圳开展的校园网贷业务，以及深圳法人机构在外地开展的校园网贷业务，必须遵循审慎原则。在发放校园贷款的条件限制方面，《通知》指出，"各企业向未成年人或限制民事行为能力的学生发放任何贷款，必须取得监护人的书面同意并面签。向具备完全民事行为能力的学生发放任何贷款，必须获得第二还款来源方的书面同意，并对其真实性负责"。在校园贷的宣传、推销方面，《通知》指出，"严禁委托学生、校园工作人员或校园商务等在学校内展开任何形式的线上线下宣传、推销或代理活动"。可见，深圳市着重于从源头上监管和把控当地互联网金融的风险。

互联网金融在北京、上海、深圳、浙江等地区发展较快，这得益于其互联网和金融产业优势、产业链支撑和政府的支持，而一条重要的经验就是发展互联网金融聚集区（见表 2-2）。

表 2-2　互联网金融聚集区案例

互联网金融聚集区	建设规模	运作模式	发展现状
杭州西溪谷	规划用地面积为 3.1 平方千米，建筑总面积为 11.5 万平方米	以浙大科技园为主，致力于发展互联网电子商务金融服务业，促进互联网金融业创业创新	截至 2017 年 4 月，西溪谷已有 2500 余家企业入驻，其中互联网金融相关企业多达 250 家，包括主打金融科技的"阿里系"、提倡创新创意的"浙大系"和注重股权投资的"浙商系"，这"三系"形成了协同发展的格局

互联网金融聚集区	建设规模	运作模式	发展现状
北京房山互联网金融安全产业园	一期规划总用地面积约 11.37 公顷。二期规划建设用地面积为 10 万平方米左右，并留有项目远期发展规划用地	首创"园区+"的服务模式，即园区自身服务和政府、征信、金融、资本以及人力资源等相结合，打破了园区的物理空间围墙，精准对接客户需求，为企业搭建一个互联互通的共享平台	截至 2016 年 9 月，园区共引进企业 23 家，10 家企业即将入园。其中入园企业包括金融类企业 7 家、科技及数据安全类企业 9 家、行业及协会组织 6 家、配套类企业 1 家
中关村互联网金融大厦	总建筑面积 7.54 万平方米，总建筑层数 28 层	坚持"产学研用"相结合，不断提升自主创新能力，加强创新模式复制推广和区域中心建设，竭力服务政府管理部门、行业从业者、投资人，助推行业创新发展、健康发展、规范发展	截至 2015 年 1 月，共有 35 家互联网金融企业入驻
上海盟智园互联网金融产业园	总共占地 3.2 万平方米	以互联网金融为核心，融合文化创意和信息科技的发展，引导互联网金融企业合理集聚	截至 2015 年底，已引进互联网金融企业 58 家
深圳福田国际互联网金融产业园	总规模达 70 万平方米	产业园充分利用保税区的政策优势，在保税区传统产业基础上，利用互联网金融的创新优势，实现产业转型升级，提高福田保税区内单位产值贡献率，打造深圳的"互联网金融 CBD"	2015 年 5 月，已有超过 300 家各类金融机构入驻平台

资料来源：南湖互联网金融学院根据公开信息整理。

二、战略的有利时机

我国在特色小镇相关政策的制定上，不仅有国家战略层面上对特色小镇给予的肯定、支持与鼓励，更有从中央到地方层面上针对特色小镇建设各个方面的特定文件。

（一）国家中央层面的相关政策

1. 特色小镇的相关政策

2016 年国务院发布的《国务院关于印发"十三五"国家战略性新兴产业发展规划的通知》中明确提到，"集约集聚是战略性新兴产业发展的基本模式。要以科技创新为源头，加快打造战略性新兴产业发展策源地，提升产业集群持续发展能力和国际竞争力。以产业链和创新链协同发展为途径，培育新业态、新模式，发展特色产业集群，带动区域经济转型，形成创新经济集聚发展新格局"。特色小镇不仅能够为产业集聚带来地理依托，集中发展特色产业，形成产业集聚，促进产城融合，达到规模效应，还可通过产业发展提高区域有效供给能力、提升区域竞争力和有效发展能力。反过来，发展产业集聚也可以为特色小镇的建设带来更多的助力。

在专门针对特色小镇建设的政策方面，国家自 2016 年初起多次出台关于支持并引导我国特色小镇发展的相关政策措施。2016 年 2 月，国务院发布的《关于深入推进新型城镇化建设的若干意见》提出，"加快特色镇发展，因地制宜、突出特色、创新机制，充分发挥市场主体作用，推动小城镇发展与疏解大城市中心城区功能相结合、与特色产业发展相结合、与服务'三农'相结合。发展具有特色优势的休闲旅游、商贸物流、信息产业、先进制造、民俗文化传承、科技教育等魅力小镇，带动农业现代化和农民就近城镇化。提升边境口岸城镇功能，在人员往来、加工物流、旅游等方面实行差别化政策，提高投资贸易便利化水平和人流物流便利化程度"。

2016 年 3 月，《国民经济和社会发展第十三个五年规划纲要》提出加快发展中小城市和特色镇，因地制宜发展特色鲜明、产城融合、充满魅力的小城镇。特色小镇的建设不求大、但求精，不求多、但求专，不求全、但求特，建设特色小镇必须因地制宜，契合实际需求，以产业为载体，避免特色小镇千镇一面。

2016 年 7 月，住房城乡建设部、国家发展改革委、财政部联合发布《关于开展特色小城镇培育工作的通知》，提出到 2020 年，培育 1000 个各具特色、富有活力的休闲旅游、商贸物流、现代制造、教育科技、传统文化、美丽宜居等特色小镇。这些小镇能够利用其自身鲜明的特色来引领并带动全国小城镇建设，不断提高小城镇建设水平和发展质量。

2016 年 8 月，住房城乡建设部《关于做好 2016 年特色小镇推荐工作的通知》指出，要"根据各省（区、市）经济规模、建制镇数量、近年来小城镇建设工作及省级支持政策情况，确定 2016 年各省推荐数量"。此通知要求全国 32 个省市区推荐上报特色小镇，并将推荐小镇的类型分为工业发展型、历史文化型、旅游发展型、民族聚居型、农业服务型和商贸流通型。

2016 年 10 月中旬，住房城乡建设部公布了首批 127 个中国特色小镇。10 月底，国家发展改革委发布了《关于加快美丽特色小（城）镇建设的指导意见》，将特色小镇诠释为"聚焦特色产业和新兴产业，集聚发展要素，不同于行政建制镇和产业园区的创新创业平台"，明确发展特色小镇的意义为"推进供给侧结构性改革的重要平台，是深入推进新型城镇化的重要抓手，有利于推动经济转型升级和发展动能转换，有利于促进大中小城市和小城镇协调发展，有利于充分发挥城镇化对新农村建设的辐射带动作用"。自此，中央政府开始对特色小镇的发展采取方向性引导并遵循因地制宜的方针，并划定红线，希望能及时纠正在特色小镇开发工程中出现的错误，同时给予支持和鼓励。

2016 年 12 月 12 日，国家发展改革委、国家开发银行、中国城镇化促进会等机构联合下发《关于实施"千企千镇工程"推进美丽特色小（城）镇建设的通知》，国家对特色小镇发展路径的规划已逐渐清晰："聚焦重点领域，建立信息服务平台，搭建镇企合作平台，镇企结对树品牌，推广典型经验。"特色小镇的建设有利于充分发挥优质企业与特色小镇的双重资源优势，开拓企业发展空间，树立城镇特色品牌，实现镇企互利共赢；有利于发挥市场配置资源的作用，创新小镇建设管理模式，发挥政府规划与服务的能力。

《2017 年国务院政府工作报告》中明确提出，要支持中小城市与特色小镇的发展，加强推进新型城镇化，并在建设特色小镇的过程中"推动一批具备条件的县和特大镇有序设市，发挥城市群辐射带动作用。推进建筑业改革发展，提高设计水平和工程质量"。

2017 年 4 月 1 日，住房城乡建设部联合中国建设银行发布《中国建设银行关于推进商业金融支持小城镇建设的通知》，建设银行将与特色小镇"共同协调解决项目融资、建设中存在的问题，做好风险防控，为小城镇建设创造良好的政策环境和融资环境"。特色小镇建设任务重、项目多、资金缺口大，迫切需要市场发挥主体作用，加大商业金融的支持力度，积极引导资本进入。

在持续密集的政策鼓励与金融支持的背景下，我国特色小镇的发展在如火如荼进行的同时，也产生了一些乱象。2017 年，我国陆续出台一些政策应对特色小镇发展中的不合理、不合规现象。2017 年 7 月 7 日，住房城乡建设部发布的《关于保持和彰显特色小镇特色若干问题的通知》要求特色小镇"尊重小镇现有格局、不盲目拆老街区，保持小镇宜居尺度、不盲目盖高楼，传承小镇传统文化、不盲目搬袭外来文化"，并将是否保持和体现"特色"作为特色小镇重要评定标准。"形象工程"和"房地产化"，都是背离了特色小镇建设初衷的。

2. 私募基金的相关政策

2014 年 6 月 30 日，中国证监会审议通过《私募投资基金监督管理暂行办法》，于同年 8 月 21 日公布并施行，正式确立了私募基金的法律地位。我国私募基金行业受证监会和基金业协会规章制度的监管和制约。

2016 年 5 月，证监会推进七项措施促进私募基金健康规范发展。这七项扶持政策包括：一是在已经明确私募股权和创业投资基金管理机构恢复在新三板挂牌的基础上，做好后续融资和投资运作的服务与引导工作；二是在已经明确私募基金管理机构试点在新三板做市的基础上，鼓励符合条件的机构通过做市提升经营管理水平；三是研究推进符合条件的私募基金管理机构申请公募基金管理业务牌照；四是推动为公司型、合伙型等各种组织形式私募基金创造公平税收环境，推动完善细化创业投资基金税收优惠政策；五是在风险可控的前提下，进一步提高保险资金和全国社保基金投资私募股权投资基金的比例，鼓励企业年金和各类公益基金等长期资本投资创业投资基金；六是鼓励创业投资机构开发符合支持创新创业需求的金融产品，研究发行股债结合型产品，提高创投机构的募资能力；七是支持有条件的私募基金管理机构适时开展境外投资业务。

2016 年，基金业协会先后发布了一系列新规，从源头对私募行业进行规范，法规涵盖备案、募集、内控、信批四个方面，私募基金行业逐渐向更加规范化、阳光化的方向发展，阳光私募数量持续增加。2016 年 2 月 1 日，《私募投资基金管理人内部控制指引》发布，针对私募公司内部各个环节进行规范。2 月 4 日，发布《私募投资基金信息披露管理办法》，要求私募及时、准确、完整披露和报告必要信息。2 月 5 日，发布《关于进一步规范私募基金管理人登记若干事项的公告》，采取四大举措完善私募备案登记。4 月 5 日，发布《私募投资基金募集行为管理办法》，对于已登记的私募管理人，若其未在规定的时间内备案私募产品，协会将注销其私募基金管理人登记。4 月 15 日，发布被业内称为"史上最严"的私募募集新规——《私募投资基金募集行为管理办法》（也被称为"新八条底线"），规范私募募集环节，约束"卖者尽责"，保护投资者利益。7 月 15 日，新规正式实施，除了基金宣传限制以及投资者保护条例外，还明确了私募基金两类销售主体，即私募基金的募集、销售活动仅分为两种——私募基金管理人直销以及具有基金销售业务资格且为基金业协会会员的机构代销。7 月 18 日，《证券期货经营机构私募资产管理业务运作管理暂行规定》正式实施，对未来私募作为投资顾问的业务模式加紧监管。8 月 1 日，《关于私募基金管理人注销相关事宜的公告》发布。10 月 21 日，《证券期货经营机构私募资产管理计划备案管理规范第 1-3 号》发布，从行业自律层面进一步强化对结构化资管产品的规范性要求。

　　2017 年 8 月，国务院法制办发布《私募投资基金管理暂行条例（征求意见稿)》，较 2014 年 8 月证监会发布的《私募投资基金监督管理暂行办法》在内容上更为完善，对行业提出了更高的合规要求及更严格的行政处罚标准。同时，监管文件由证监会的部门规章升级为国务院的行政法规，标志着私募监管进一步升级。征求意见稿将创业投资基金单设一章，反映了对创业投资基金的重视。同时，征求意见稿设置了私募基金管理人的负面清单，并对基金业协会的登记备案工作提出了严格要求。另外，征求意见稿明确了 32 项违规责任，从整体上看，监管进一步趋于严格。

3. 互联网金融的相关政策

2014 年 3 月，互联网金融首次被写入政府工作报告。报告指出，要促进互联网金融健康发展，完善金融监管协调机制。

互联网金融的快速发展带来监管方面的及时调控。2015 年 7 月，中国人民银行及工业和信息化部等多部委联合印发了《关于促进互联网金融健康发展的指导意见》（以下简称《指导意见》），提出了一系列鼓励互联网金融发展的政策措施，同时按照"依法监管、适度监管、分类监管、协同监管、创新监管"的原则，对互联网支付、网络借贷、股权众筹融资、互联网基金销售、互联网保险、互联网信托和互联网消费金融七个互联网金融业态进行了业务界定，明确了监管责任。《指导意见》提出，"人民银行会同有关部门组建中国互联网金融协会。协会要按业务类型，制定经营管理规则和行业标准，推动机构之间的业务交流和信息共享。协会要明确自律惩戒机制，提高行业规则和标准的约束力"。其后，中国互联网金融协会于 2016 年 3 月正式成立。

2015 年 8 月，最高人民法院发布了《最高人民法院关于审理民间借贷案件适用法律若干问题的规定》，对 P2P 网络借贷平台做出规定，将其属性定位为"媒介服务"，并分别对 P2P 网络借贷涉及居间和担保两个法律关系时，是否应当以及如何承担民事责任做出了规定，被视为 P2P 网络借贷行业未来去担保化的重要开端。

2015 年 11 月，互联网金融首次被纳入中央五年规划，"十三五"规划指出要规范发展互联网金融，加快金融体制改革，提高金融服务实体经济效率。随后，国务院印发《关于积极发挥新消费引领作用加快培育形成新供给新动力的指导意见》，提出全面改善消费环境，支持发展消费信贷，鼓励符合条件的市场主体积极筹建消费金融公司，推动消费金融公司试点范围扩大至全国。

2015 年底，"e 租宝"事件爆发。在《关于促进互联网金融健康发展的指导意见》的基础上，2016 年 4 月，国务院开启了为期一年的互联网金融风险专项整治工作。

2016 年 4 月 13 日，教育部办公厅、中国银监会办公厅联合发布《关于加强校园不良网络借贷风险防范和教育引导工作的通知》，加强对校园不良网络借贷平台的监管和整治，教育和引导学生树立正确的消费观念。

2016 年 4 月 14 日，中国人民银行与中宣部、中央维稳办等十四部委联合发布《非银行支付机构风险专项整治工作实施方案》。这是首个公之于众的互联网金融风险治理子方案。

2016 年 5 月 4 日，国家工商总局发布《关于印发 2016 网络市场监管专项行动方案的通知》，提出 2016 年 5~11 月将治理互联网虚假违法广告，充分发挥整治虚假违法广告部际联席会议作用，加强部门间的协调沟通、信息共享和执法协作，开展互联网金融广告专项整治。

2016 年 7 月 5 日，工业和信息化部印发《促进中小企业发展规划

（2016~2020 年）》，其中提出要"大力发展中小金融机构及普惠金融，推动互联网金融规范有序发展"。

2016 年 8 月中旬，银监会向各银行下发了《网络借贷资金存管业务指引（征求意见稿）》，对银行开展网络借贷资金存管业务进行了规定。对于现有的 P2P 网络借贷平台来说，在政策趋紧的大背景下，达到标准、进行合规经营是不小的考验。

2016 年 8 月 24 日，银监会、公安部、工业和信息化部、互联网信息办公室四部委联合发布了《网络借贷信息中介机构业务活动管理暂行办法》，对 P2P 网络借贷业务的借款金额上限、信息披露标准等做出了更为详尽的规定。

2016 年 10 月，国务院发布《互联网金融风险专项整治工作实施方案》，指出风险专项整治工作有以下六个重点领域：非银行支付机构、P2P 网络借贷、股权众筹、互联网保险、互联网资产管理以及互联网广告和理财。

2017 年 2 月 23 日，银监会发布《网络借贷资金存管业务指引》，对网络借贷资金存管业务的各方职责义务、业务操作规则等做出了明确的规定，标志着平台投资人资金流向透明化、明确化程度将会得到重大的提高。

2017 年 3 月，互联网金融连续第四年被写入政府工作报告。报告总结了互联网金融过去几年的发展成果，主要集中在普惠金融和服务实体等方面，同时也为"双创"提供了融资平台。但是互联网金融的迅猛发展也带来了许多风险，非法集资、庞氏骗局、金融诈骗等违法违规案例频出。2017 年的工作目标是增强金融服务实体经济的能力，缓解中小企业的融资困难，同时注意防范互联网金融的累积风险。

4."双创"的相关政策

2014 年 9 月的达沃斯论坛上，李克强总理首次在公开场合发出"大众创业、万众创新"的号召。2015 年，"大众创业、万众创新"被写进政府工作报告。

2015 年 6 月 11 日，国务院印发《关于大力推进大众创业万众创新若干政策措施的意见》，提出了 96 条政策措施，充分认识推进"大众创业、万众创新"的重要意义，厘清总体思路，优化财税政策，强化创业扶持，扩大创业投资，构建创业生态，拓展城乡创业渠道，搞活金融市场，加强统筹协调，完善协同机制。

2016 年 2 月 18 日，国务院印发《国务院办公厅关于加快众创空间发展服务实体经济转型升级的指导意见》，提出促进众创空间专业化发展，为实施创新驱动发展战略，推进"大众创业、万众创新"提供低成本、全方位、专业化服务，更多释放全社会创新创业活力，促进科技成果加快向现实生产力转化，增强实体经济发展新动能。

2016 年 5 月，国务院办公厅印发《关于建设大众创业万众创新示范基地的实施意见》（以下简称《意见》），系统部署"双创"示范基地建设工作。《意见》指出，为在更大范围、更高层次、更深程度上推进"大众创业、万众创新"，加快发展新经济、培育发展新动能、打造发展新引擎，按照政府引导、市场主导、问题导向、创新模式的原则，加快建设一批高水平的"双创"示范基地，扶持一批"双创"支撑平台，突破一批阻碍"双创"发展的政策障碍，形成一批可复制可推广的"双创"模式和典型经验。

2016 年 9 月，国务院印发《关于促进创业投资持续健康发展的若干意见》（也被称为"创投国十条"），提出加大对创业投资政策的扶持力度，完善创业投资税收政策，建立创业投资与政府项目对接机制，研究鼓励长期投资的政策措施。并优化监管、商事、信用等方面的市场环境，创新监管方式，加强事中事后监管，严格保护知识产权。

2017 年政府工作报告提出，要持续推进"大众创业、万众创新"，以"双创"促进就业，推动新旧动能转换，带动经济结构升级。鼓励高校和企业建立众创空间，支持创新型中小微企业的发展，使"双创"服务体系大众化，进一步激发社会创造力。

（二）浙江省级层面的相关政策

1. 特色小镇的相关政策

浙江省是我国特色小镇发展的先行者。早在 1995 年，浙江省就启动了对小城镇的综合改革试点，并坚持把培育小城镇作为加快城镇化、工业化进程以及解决"三农"问题的重要途径。

2007 年，浙江省政府下发《关于加快推进中心镇培育工程的若干意见》，提出要有重点地选择 200 个中心镇，分期分批进行培育，使这些中心镇成为县域人口集中的新主体、产业集聚的新高地、功能集成的新平台、要素集约的新载体。

2014 年下半年开始，浙江省全面启动了特色小镇的培育工程，以重振历史经典产业，将浙江省的文化竞争力转化为现实的产业竞争力，使浙江省经济出现一批新兴经济增长点。

2015 年，在《浙江省政府工作报告》中，特色小镇建设被列入浙江省年度重点工作计划，报告中提出要以"新理念、新机制、新载体推进产业集聚、产业创新和产业升级"。同年 4 月 22 日，浙江省政府出台《浙江省人民政府关于加快特色小镇规划建设的指导意见》，旨在通过建设一批产业特色鲜明、人文气息浓厚、生态环境优美、兼具旅游与社区功能的特色产业小镇，推动空间重组优化与产业转型升级，促进经济新常态下浙江省的区域创新发展，建设建成创业生态系统。该指导意见明确了今后全省特色小镇工作的总体要求，并提出"将重点培育和规划建设 100 个左右特色小镇"，标志着浙江特色小镇的规划建设工作全面启动。该指导意见还对特色小镇建设的部分指标进行了硬性规定：原则上特色小镇 3 年内要完成固定资产投资 50 亿元左右（不含住宅和商业综合体项目），所有特色小镇要建设成为 3A 级以上景区。2015 年 6 月 24 日，全省特色小镇规划建设工作现场推进会召开，共有 37 个特色小镇受批，标志着浙江省特色小镇建设正式步入实施阶段。

2016 年 3 月，浙江省人民政府办公厅颁发《关于高质量加快特色小镇建设的通知》，旨在强化政策落实，引导高端要素集聚，充分整合利用已有资源，积极运用各类平台，加快推动人才、资金、技术向小镇集聚。该通知提出要完善动态调整机制，坚持宽进严定的创建制，并对有效投资带动作用弱、新开工建设项目少、新增税收等预期成效差的特色小镇创建单位予以调整，高质量推进特色小镇规划建设。

2016 年 10 月，浙江省发布《浙江省人民政府关于加快特色小镇规划建设的指导意见》，在以往政策的基础上提出"确需新增建设用地的，由各地先行办理农用地转用及供地手续，对如期完成年度规划目标任务的，省里按实际使用指标的 50%给予配套奖励，其中信息经济、环保、高端装备制造等产业类特色小镇按 60%给予配套奖励"。在财政支持方面，该指导意见规定"特色小镇在创建期间及验收命名后，其规划空间范围内的新增财政收入上交省财政部分，前 3 年全额返还、后 2 年返还一半给当地财政"。

2017 年 2 月，《浙江省政府工作报告》明确要"积极规划建设特色小镇，鼓励中心城市周边县市依托高铁站规划建设科创小镇，支持各地规划建设高新技术类特色小镇，使特色小镇成为全省科技创新、产业创新的重要载体"。

2017 年 7 月，浙江省发展改革委主持召开专家评审会，审阅并通过《浙江省特色小镇验收命名办法（试行）》，为加快形成"培育一批、创建一批、验收命名一批"的特色小镇建设格局服务。浙江省将分批公布省级特色小镇创建对象、省级特色小镇培育对象、市级特色小镇创建对象三个层次的名单，通过层级比较展开良性竞争，促进特色小镇的发展。

经过多年的发展，浙江特色小镇建设已经走在全国前列。截至 2016 年底，国家发展改革委、财政部认定的 127 个第一批中国特色小镇中，浙江省入选 8 个，位居全国各省推荐数量之首。

2. 私募基金的相关政策

2015 年 6 月 11 日，浙江省人民政府办公厅印发《浙江省金融产业发展规划》，其中在总体规划与目标中提出要"以全力打造浙商总部金融、私募金融、互联网金融、草根金融等产业为新增长点"，构建具有浙江特色的金融产业体系。在私募金融行业，要"抓住私募金融大发展的有利时机，打造以产业链为纽带的'龙头引领、业态丰富、集群共进'的私募金融产业发展格局"，"推动形成私募金融产业链，发展并购基金、夹层基金、平行基金、天使基金等在内的多元化投资基金。鼓励私募理财、私募证券、私募对冲、私募期货、私募债券等多种私募金融业态发展，逐步形成具有较高层次和知名度的'浙江私募'系列品牌"。

2015年，浙江省针对"双创"发布的《浙江省人民政府关于大力推进大众创业万众创新的实施意见》中提出，将省重点培育特色小镇作为建设新型众创空间的实验区，构筑更为活跃的创业创新投融资体系。为促进创业创新，建立创业投资风险补偿机制，允许创业和天使投资基金按基金长期投资余额的10%提取风险准备金，用于补偿基金投资损失。浙江省针对私募基金的监管秉承"底线监管、行业自律、促进发展"的基本原则，督促私募基金机构规范运作。

浙江省充分重视私募基金行业的发展。2016年11月，浙江省副省长朱从玖公开表示私募基金落户浙江是最佳选择，并悉数浙江省发展私募基金的多项优势，包括拥有人文底蕴并且历史悠久的民间金融、重视工商业的历史传统等[①]。

3. 互联网金融的相关政策

2015年2月，浙江省金融办、人民银行杭州中心支行、银监会浙江监管局、证监会浙江监管局、保监会浙江监管局联合印发《浙江省促进互联网金融

---

❶ 资料来源：http://stock.sohu.com/20161107/n472477626.shtml.

持续健康发展暂行办法》，对互联网金融的监管从指导思想与基本原则上进行了规定，并针对 P2P 网络借贷、第三方支付、股权众筹、金融产品网络销售四个市场业务形式进行了较为详细的规定。

2015 年 7 月，浙江省人民政府办公厅发布《关于印发浙江省金融产业发展规划的通知》，提出要创新发展互联网金融，"顺应互联网金融发展趋势，发挥浙江省信息经济、电子商务发展优势，坚持开放包容态度，加快信息技术与金融深度融合"，到 2020 年将浙江省打造成"全国互联网金融创新中心"。

2016 年 6 月，浙江省发布《浙江省互联网金融风险专项整治工作实施方案》，提出"规范各类互联网金融业态，优化市场竞争环境"的整体目标，将整治重点放在 P2P 网络借贷业务与股权众筹两个方面，并提出在整治的过程中以"发现的问题为导向，按照边整边改、标本兼治的思路，抓紧推动长效机制建设，贯穿整治工作始终"。

4."双创"相关政策

2015 年 11 月，浙江省人民政府发布《关于大力推进大众创业万众创新的实施意见》，落实"大众创业、万众创新"决策部署，以全面深化改革和扩大开放为抓手，不断加快简政放权步伐、加大创业服务力度、加强创新支撑能力，推动新技术、新业态、新模式、新产业发展，力争经过三到五年努力，建成以民营经济和"互联网＋"为特色的创业创新生态体系，以大众创业培育经济新动力，用万众创新撑起发展新未来，开创浙江省转型升级新局面。

（三）嘉兴市级层面的相关政策

1. 特色小镇相关政策

2015 年 9 月 21 日，嘉兴市南湖区人民政府颁布《南湖区人民政府关于加快特色小镇规划建设的实施意见》，确定了特色小镇的功能内涵、主要目标、产业定位、规划要求和运作模式。该意见中还提出"要因地制宜地建立工作推进机制和上下联动机制，明确培育任务，搞好规划建设，加强组织协调，确保各项工作按照时间节点和计划要求规范有序推进，确保取得实效"。

2016 年 3 月，嘉兴市发布《嘉兴市人民政府办公室关于印发 2016 年嘉兴市特色小镇与小城市培育试点镇建设工作要点的通知》，提出要"加强梯度创建、夯实发展基础"，"推进省市县三级联动创建机制，不断完善特色小镇动态创建库"。

2016 年 12 月，嘉兴市南湖区人民政府办公厅印发《嘉兴市南湖区"十三五"服务业发展规划》，强调南湖基金小镇要建设省级金融创新示范区，重点发展股权投资基金、互联网金融、融资租赁和商业保理等新型金融业务，推进线下金融产业集聚地和线上投融资平台的同步建设，进行地方金融监管模式创新，构建金融风险防控体系。

2. 私募基金相关政策

2011 年，浙江省颁布《关于支持嘉兴市南湖区金融创新示范区发展若干意见》，对税收优惠等进行了较为详细的规定："进行企业所得税政府分成：中央财政取得 60%，剩余 40%由市财政取得其中的 20%[①]，而地方财政取得另外的 80%[②]（见表 2-3）；自 2012 年起，新注册的股权投资企业或新迁入的股权投资企业自取得或重新取得营业执照之日起，五年内可享受地方财政企业所得税的 70%奖励给股权投资企业，实际的返还奖励需经过省备案管理部门或国家备案管理部门审批通过后，即可实施。享受企业所得税奖励后，有限责任公司及股份公司企业所得税税率为 19.4%。"

启航：南湖基金小镇发展报告

表 2-3 南湖区实行的政府税收分成比例

单位：%

税种	中央财政	省财政	南湖区地方财政
增值税	50	10	40
企业所得税	60	8	32
个人所得税	60	8	32

资料来源：嘉兴市南湖区政府。

2011 年，嘉兴市南湖区人民政府办公室发布《关于促进南湖区股权投资产业发展的若干指导意见》，此意见中对股权投资的发展给予了较多支持，其中规定："股权投资企业及股权投资管理企业在南湖区缴纳营业税与企业所得税的，自工商登记之日起六年内，按企业当年实现的营业税和区级所得部分，给予 70%的发展奖励。"

2016 年 12 月，《嘉兴市南湖区"十三五"服务业发展规划》的"金融服务"一节中提出，要有序发展私募金融和新金融业态，大力培育私募金融机构，创新发展股权投资基金，加快集聚私募基金。

---

❶ 嘉兴市取得财政税收为 40%×20%＝8%。
❷ 南湖区取得财政税收为 40%×80%＝32%。

3. "双创"相关政策

2016 年 5 月，嘉兴市人民政府印发《中国制造 2025 嘉兴行动纲要》，鼓励互联网创新，发展供应链金融、互联网金融产品与服务。

2016 年 8 月，嘉兴市政府在《关于印发 2016 年嘉兴市政务公开工作要点的通知》中进一步推进政府政策公开，要求及时公布支持"双创"的政策措施，加大促进就业创业政策措施的公开力度，加大对小微企业创业的税收优惠。

2016 年 12 月，《嘉兴市南湖区"十三五"服务业发展规划》计划到 2020 年，引进互联网金融企业和基金管理公司 5000 家以上，实现新金融产业税收 10 亿元以上。

2017 年，《嘉兴市政府工作报告》提出新的工作任务包括"强化科技创新。推进省全面创新改革试验区建设，完善符合创新发展规律的政策体系和评价机制。加快秀洲国家高新区、嘉兴科技城等重大创新平台建设，力争实现省级以上高新技术园区县（市、区）全覆盖。深化省科技金融改革创新试验区建设，积极发展创业风险投资，探索实施投贷联动，支持发展科技保险"。

三、基础条件和先发优势

南湖基金小镇在建设发展过程中，借助嘉兴市区位、交通、文化底蕴、经济活力、生态环境和社会资源等多方面优势，力争打造成中国版的沙丘路基金小镇。

（一）区位条件优越

独特的地理位置，是南湖基金小镇对外交流和招商引资的一张闪亮城市名片。长江三角洲地区是目前我国经济最为发达和最具发展潜力的区域。嘉兴市地处浙江省东北部，位于长江三角洲杭嘉湖平原腹心地带，是长江三角洲地区重要的城市之一。其与沪、杭、苏、湖等城市相距均不到百公里，处于上海经济圈、杭州湾经济圈、环太湖经济圈三个经济圈的交汇点，区位优势明显（见图 2-13）。近年来，嘉兴市主动顺应"长三角"一体化进程加快、区域合作日益加强的趋势，大力实施"与沪杭同城"和创新驱动发展战略，提升接轨上海速度，加快科学发展、转型发展、创新发展。根据 2017 年 8 月 22 日上海市政

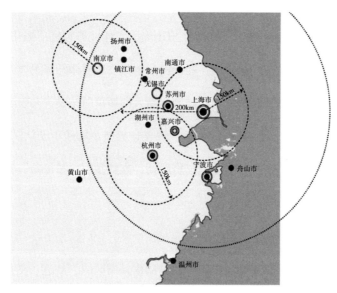

图 2-13　嘉兴市南湖基金小镇的区位优势

资料来源：《嘉兴市南湖金融区概念规划设计》[①]。

[❶] 嘉兴市南湖基金小镇是南湖金融创新示范区核心区项目。

府公布的《上海市城市总体规划（2016~2040）（草案)》，嘉兴与苏州、无锡、南通、宁波、舟山等地一同被纳入上海大都市圈，突出同城效应。

（二）交通网络便捷

便捷的交通网络，为嘉兴提供"一小时交通"快速通道。其一，嘉兴市交通优势明显。首先，"三横三纵"[①] 的高速公路网络在境内交错贯通，是全国乃至全球高速公路网最密集的地区之一；其次，沪杭铁路、乍嘉湖铁路穿越全境，沪杭高铁投入使用，从嘉兴只需 18 分钟就能到达上海或杭州，与上海、杭州等"长三角"经济强市均形成"一小时交通圈"，尽享沪杭同城资源（见图 2-14)；再次，嘉兴市距上海虹桥国际机场 90 公里、浦东国际机场 120公里、

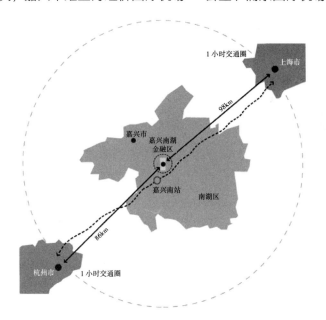

图 2-14 嘉兴市"一小时交通圈"

资料来源：《嘉兴市南湖金融区概念规划设计》。

---

❶ "三纵三横"中"三纵"指嘉兴—萧山、嘉兴—绍兴、嘉兴—南通三条高速公路，"三横"指杭浦、沪杭、申嘉湖（杭）三条高速公路。

杭州萧山国际机场90公里、宁波国际机场120公里，共享四大机场；最后，嘉兴毗邻上海港、北仑港、乍浦港等大型海港，坐拥224条内河航道，世界文化遗产京杭大运河贯穿全境，可容纳300~500吨级航船，内河航运发达。因此，概括而言，"海、陆、空"加内河四位一体的多元化、立体化交通网，使嘉兴市成为"长三角"的交通枢纽。

其二，南湖基金小镇基地交通优势明显。南湖基金小镇位于嘉兴市庆丰路以东、长水路以南、三环东路以西、三环南路以北的区域内。小镇基地周边高速公路条件便利，沪昆高速、乍嘉苏高速、沈海高速、苏嘉杭高速等多条高速公路都与之相连，沪昆高速出口距离小镇基地仅2公里。高铁站就位于小镇基地的南侧，这为小镇基地的发展建设提供了另一重大机遇（见图2-15）。

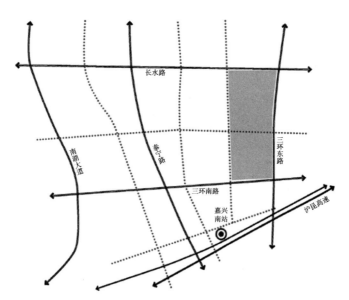

图2-15 南湖基金小镇基地周边交通条件图

资料来源：《嘉兴市南湖金融区概念规划设计》。

（三）历史文化璀璨

悠久的历史，赋予嘉兴深厚的文化底蕴。嘉兴市历史悠久，文化灿烂，为江南文化的发源地。早在六七千年前，先民们就在此繁衍生息，孕育了长江下游太湖流域早期新石器文化的代表——马家浜文化，这是中华民族古老文明的源头之一。

嘉兴市自古文化深厚，人杰地灵，人才辈出。《中国大百科全书》记载的1800名全国名人中，嘉兴市就占80余名；明清两代江浙共出进士2000多人，其中嘉兴就有600多人；现中科院和中国工程院院士当中，嘉兴籍的有39位。嘉兴的古今名人中，还有唐代著名诗人顾况、刘禹锡，晚清大儒沈曾植，国学大师王国维，被周恩来总理赞誉为"民主人士左派的旗帜"的沈钧儒、文化巨匠茅盾、新月派诗人徐志摩、漫画家丰子恺和张乐平、著名物理学家黄昆、著名数学家陈省身、武侠小说大师金庸等。

1921年7月，嘉兴市更是见证了中国历史上开天辟地的大事件——中国共产党第一次全国代表大会在嘉兴南湖的一条游船上召开并胜利闭幕。由此，嘉兴市成为了中国革命红船的起航地（见图2-16）。习近平总书记曾指出，伟大的革命实践产生伟大的革命精神，"红船精神"正是中国革命精神之源。以党的诞生地嘉兴南湖红船命名的"红船精神"，是中国共产党人在创建党的伟大实践中所形成的一种革命精神，即伟大的建党精神。这一精神内涵深刻、思想深邃、历久弥新，是中国共产党人薪火相传的精神源泉、红色基因。2017年12月4日，弘扬"红船精神"座谈会在浙江省嘉兴市召开，中共中央政治局常委、中央书记处书记王沪宁出席会议并讲话。他表示，习近平总书记提出并阐释了"红船精神"的深刻内涵和时代价值，并在瞻仰南湖红船时强调要结合时代特点大力弘扬"红船精神"，让"红船精神"永放光芒。"红船精神"集中体现了中国共产党的建党精神，是中国革命精神之源，昭示着中国共产党人的初心。它所承载的首创精神、奋斗精神、奉献精神，是激励中国共产党顽强奋斗、不断发展壮大的精神动力，是中国共产党立党兴党、执政兴国的宝贵精神财富，也是新时代坚持和发展中国特色社会主义的坚强精神支撑，我们要在新时代的长征路上，不断赋予其新的时代内涵，使其绽放新的时代光芒。

图 2-16　中共一大纪念船（红船）
资料来源：网络。

(四) 经济基础雄厚

　　区域经济发达，为南湖基金小镇打造资本高地提供了良好的经济基础。多年来，嘉兴市坚持市场导向和行政推动相结合的发展路线，以民营、民资为基础，又兼受上海经济圈、环太湖经济圈和环杭州湾经济圈的影响，经济开放兼容、活而有序，形成了以民营企业集聚为特色的区域经济。在 2016 年，面对复杂严峻的宏观环境，嘉兴市贯彻落实五大发展理念，坚定不移地推进供给侧结构性改革，巩固提升经济运行中的积极变化，优化供给结构，扩大有效需求，增强发展信心。在此基础上，嘉兴市经济社会发展取得了很好的成绩和进展，全市固定资产投资、财政总收入和公共财政预算收入等重要指标均高于全省平均水平，排在全省前列。由此，嘉兴市较高的区域经济发展水平，为基金小镇提供了很好的经济集聚优势。

江浙地区也是全国私募基金发展的首要市场之一。江浙从古至今是富庶的江南地带。改革开放以来，民营企业发达，高净值人群数量多、密度大，成为有限合伙人的重要市场群体，为私募基金的后续发展带来广阔的市场空间。

（五）生态环境优美

生态环境优美，为私募基金从业人员提供了宜居环境。嘉兴市是典型的水都绿城，城市绿化率在全国处于领先水平。并且，嘉兴市还是全国文明城市、全国卫生城市、国家园林示范城市和国家平原绿化模范城市，绿化覆盖率已达到 39.83%。更为重要的是，嘉兴市一直致力于生态环境建设，先后成功创建国家园林示范城市和国家绿化模范城区；在全国范围内首推排污权交易，农业污染治理的"南湖模式"已入选中组部教材。

（六）社会资源充沛

充沛的社会资源，为私募基金产业发展提供了优良的实业基础。

一是嘉兴工业园区。设立于 2002 年，于 2006 年经国家发展改革委审核认定为省级开发区。隶属嘉兴市南湖区，总规划面积 35 平方公里，目前实际开发面积 20 平方公里，已落户企业近 500 家。2010 年，嘉兴工业园区工业总产值达 129 亿元。

二是嘉兴科技城。设立于 2003 年，是浙江省最早决策兴建的科技城。作为长三角地区历史悠久的科技城，嘉兴科技城于 2017 年被浙江省发改委认定为首批省级"大众创业、万众创新"示范基地，也是嘉兴市唯一一个入选的单位。其一期核心区面积为 3.65 平方公里，二期核心区面积为 29.5 平方公里，拥有科技研发与孵化、科技文化与教育、产业加速与示范和智慧商务与生活四大功能板块。嘉兴科技城坚持"创新研发、产业加速、科技服务、综合配套"四个根本原则和服务准则。在嘉兴科技城内已有的企业中，网络信息技术、高端装备制造占有较大比重，2015 年实现工业总产值 320 亿元，占嘉兴科技城总产值的 70%。网络信息技术类中，主要包括物联网、大数据、云计算、集成电路与装备电子等互联网领域的高端项目。高端制造业则主要包括微电子装备和智能制造这些具有国家战略意义和较好市场发展前景的行业。

三是南湖新区、东栅街道。地处嘉兴城市东进南移核心区域，规划总面积 26 平方公里。其中，先行启动的 6.5 平方公里区域开发建设近十年，已初步形成教育、园林、商业三大特色地产相互辉映，现代商贸区、创意产业园区、金融创新示范区三大特色产业并驾齐驱，兼具生活性服务业核心区、生产性服务业集聚区、文化休闲品质生活示范区三大区块形象的现代化生态新城已初步显现，荣膺"全国十大文化休闲基地"称号。

嘉兴市在提升嘉兴工业园区、嘉兴科技城、南湖新区等原有平台的基础上，进一步推进金融创新示范区等新平台的发展，提升传统产业发展，加快促进经济结构转型升级。一方面，夯实发展基础，以嘉兴科技城为科创基地和培训基地，着力打造以嘉兴科技城为主的创新平台，深化院地合作模式，集聚了浙江清华长三角研究院①、中国科学院浙江中科院应用技术研究院②、乌克兰国家科学院国际技术转移中国（嘉兴）中心暨研发与产业化基地等一批高级研究机构和科技转化平台，相继引进和组建中科院上海微系统与信息技术研究所等一大批大院名校、科研院所，为全区的信息技术创新应用提供公共研发平台。另一方面，又以"人才＋项目"捆绑式引才机制为支撑，以人才落户的模式，强化平台软硬环境建设，引进培育一批高学历、高技术、高成长性的学科带头人、领军人才和创新团队，有效提升了重点领域的创新能力，形成产业吸引人才、人才引领产业的良性循环态势。

（七）产业平台完善

完善的产业发展平台，促进产业集聚发展。嘉兴市依托嘉兴工业园区、各镇工业功能区开发建设，已初步形成了电子通信、汽配机电、特种钢材、香精香料四大产业集群，发展充满活力。而且，嘉兴市在全省率先设立了县（区）级"产业导向基金"，全力扶持集群产业发展。

---

❶ 2003 年，浙江清华长三角研究院落地嘉兴科技城。清华长三角研究院是浙江省引进的首个名校战略性创新平台，开创了国内首个"政产学研金介用"一体化的"北斗星"体系，主要开展科技创新、产业培育、科技金融、国际合作和人才培养的工作，推动区域创新发展和产业升级，在先进制造、生物医药、信息技术、分析测试、现代农业和生态环境等领域建立了"五所一中心"，有六个国家级和省级重点创新平台，十余个其他各类创新创业平台。

❷ 2004 年，浙江中科院应用技术研究院在嘉兴科技城落户，开创了中科院院地合作的先例。截至2016 年 12 月底，科技城共引进 25 个中科院研究所，成立 24 个工程中心，建设 10 个市重点实验室，集聚 650 余名高端人才。建院以来累计研发项目 931 项，实现规模产业化项目 157 项，连续六年获得中科院全国唯一"院地合作一等奖"。

起帆

Sailing

第三章　Chapter three

扬帆：
南湖基金小镇发展现状及创新经验

　　南湖基金小镇始终秉承习近平总书记提出的"红船精神"，发扬"敢为人先"的首创精神，以私募基金为主导产业，以构建大型高端金融产业集聚区为抓手，以基金产业和互联网金融安全产业发展为龙头，逐步建立多层次金融服务体系，提高金融资产配置效率。自2012年成立以来，南湖基金小镇作为国内首个股权投资基金小镇平地崛起，经过5年的不断发展和积累，成长迅速，成绩斐然，分别在区域规划建设、产业发展、服务体系构建、品牌推广等方面取得了长足的进展，有力地推动了投资产业集聚，实现了民间资本财富的有效管理，同时发挥了金融资本对实体经济的支撑作用，带动了嘉兴市乃至浙江省经济结构调整和产业转型升级，是全市、全省乃至全国转型升级、创新发展的典型范本。

一、发展理念以及产业定位

（一）秉承理念

南湖基金小镇设计效果图如图 3-1 所示，其建设秉承三大理念："办公在小镇，交流在小镇，居住在小镇。"通过打造特色的都市空间、构建富有层次的配套体系、营造优雅的工作和生活环境、引入绿色的生态技术等方式，进而打造资本、技术、人才等高端要素集聚的平台，形成金融氛围浓厚、特色明显、集聚凸显的"乐居、乐活、乐业"的特色示范型小镇。

（1）**办公在小镇**。利用优良的水道资源，尽可能做到办公楼依水而建，围绕中央湖心景观片区，规划岛域办公、水岸办公和森林办公三类高端办公模式，同时注重打造亲近自然的绿色生态环境，实现在湖边办公、在花园里办公的理念。所建办公建筑分散，不同建筑物间保有大面积生态绿地，保障了办公环境的绿化性和私密性。与北京、上海、深圳现有的"水泥森林"相比，南湖基金小镇拥有无可比拟的办公环境和完善功能。

（2）**交流在小镇**。南湖基金小镇依据基金从业人员的工作及生活习惯，为其量身打造了一种优雅安逸的小镇环境，并通过特有的产业聚集效应，凝聚基金从业人员，打造高品位的投融资信息交流平台。目前，为私募、政府和地产投融资提供免费信息交流的全新平台——基金小镇投融圈已上线试运行，平台上会披露投融双方需求的详细信息，并不定期举办线上和线下的投融资对接活动，使投融双方直接、有效地交流沟通，迅速满足各方的投融资需求。

（3）**居住在小镇**。南湖基金小镇为基金从业人员提供高品质的居住空间，大面积布置水景及园林景观，汇集丰富的住宅类型、优美的环境以及多样的选择。在小镇建设规划中，除了办公用地，也有楼房住宅，更有学校等配套设施的建设，以满足当地就业人群的子女教育需求。

图 3-1　嘉兴南湖基金小镇设计效果图

资料来源：南湖基金小镇。

（二）产业定位

南湖基金小镇的总体发展思路是：以汇集创业投资企业、私募股权投资机构、合格投资人和有限合伙人为主要招商目标，以生产类融资企业作为招商辅助，建立以股权投资基金为主体，银行、证券、保险、信托以及互联网金融等创新型金融机构并存的多元化金融组织体系。招商方式主要细分为注册招商和办公招商。南湖基金小镇把基金作为重点引进对象，不仅考虑到其强大的产业集聚效应和示范效应，而且将股权投资行业的特殊属性也考虑在内。股权投资行业不需要太大的用地空间，不需要厂房、机械、生产设备等大量设施，但是可以给当地带来较为可观的财政收入，而且可以在一定程度上解决企业融资问题并推动当地及周边地区产业的发展，另外还可以吸引优秀人才入驻并持续引进。

南湖基金小镇通过金融产业发展，带动基础设施联动，形成"基金小镇＋财富聚集区"两个中心、"金融服务支持＋综合服务支持"两个配套，着力承接上海金融服务业转移，打造长三角地区特色金融服务业集聚高地。

二、南湖基金小镇发展现状

(一) 区域规划建设日趋完善

在规划之初，南湖基金小镇就秉承高端、绿色、人性化等特色理念，以"人"为核心，注重"个性化需求"；明确小镇居民不是在钢筋水泥中办公和生活，而是要真正实现"办公在小镇，交流在小镇，居住在小镇"，致力于打造金融生态圈、高品质金融小镇和全方位金融办公服务体系，实现办公生活零距离、人与自然的和谐发展，营造多元化的小镇氛围。

1. 整体布局合理

（1）土地集约使用。嘉兴市积极推进实施"空间换地"，深化集约用地，按照"以集约促转型"的理念，全面、严格地落实节约用地制度。具体措施方面：一是以产业为主导进行空间布局优化，充分发挥高新技术产业、战略新兴产业、现代服务业、先进装备制造业等产业的集聚效应，加大产业用地的集中配置力度，提高土地亩产效应。二是将"招大引强选优"作为招商引资的方向，着力引进世界500强、全球行业龙头企业和重大投资项目，优先保障其用地；鼓励企业进行"零增地"改造，在合理规划用地的前提下可适当减少绿地，开发、利用地下空间，建立多层标准厂房，减少辅助设施用地，并给予相应奖励或补助。三是实行差别化地价政策和税收政策，按照是否符合产业转型升级要求划分产业类型，给予不同的土地出让起始价，同时完善土地出让程序，明确土地出让合同条款内容，充分发挥税收的调节作用，倒逼产业转型升级。

《南湖区人民政府关于加快特色小镇规划建设的实施意见》强调，要严格遵守节约集约用地的要求，激发土地存量的活力与潜力。同时区政府对特色小镇也给予了用地政策支持，列入省级特色小镇创建名单且确需新增建设用地的，给予土地指标单列；如期完成年度规划目标任务的，省级用地奖励指标的100%奖给特色小镇，并再给予区计划指标的10%作为奖励，特色小镇盘活的存量用地全留小镇使用；列入市级特色小镇并如期完成年度规划目标任务的，优先保障用地。优先推荐省、市级特色小镇建设项目列入省重点工程、重大产业项目，积极争取上级土地指标支持。相关政策同时规定，要严格控制特色小镇的规划面积与建设用地面积，促进高效投入，完善功能布局，力求做到"地尽其用"。

南湖基金小镇秉承"办公在小镇，交流在小镇，居住在小镇"的建设宗旨，在土地规划允许的条件下，合理高效运用可支配土地资源，保证商业、居民、公共服务、绿化等多位一体的实现，建设定制化、低密度、花园式的办公环境，做到合理利用土地空间，给予土地要素充分的保障。

（2）**科学空间规划。**南湖基金小镇规划设计中对区域空间关系、区域交通关系、区域生态关系进行了统筹考量。

在区域空间关系上，小镇按照混合利用的理念开发土地，将不同的功能进行结合，形成混合功能社区。在办公楼的建设上，充分考量金融办公所需的柱距、外立面、层高、绿化、空调新风系统的需求，建成低密度的办公楼。根据私募基金从业人员对配套设施以及绿色植被入户的需求，打造开放空间、宅间绿地，实现绿色集约的新型办公场所，并提供各种配套设施。

在区域交通关系上，小镇根据园区外城市主要道路格局的规划，设计小镇内的道路走势，采用网状结构连接对外交通，保证交通运输效率。同时综合考虑结构清晰、安全舒适、设施完善、环境宜人等因素，协调小镇内交通用地和绿化水系用地的分配，充分做到交通与实体办公区域的便捷连通。

在区域生态关系上，小镇根据园区内的绿地与水系，进行共生性办公环境建造，尽量使办公楼依水而建，形成森林办公、水岸办公、岛屿办公这三种新型办公模式。同时根据水域布置园林景观，充分利用基地内的山水环境与山水空间，在不刻意改变自然条件的前提下，通过自然水系将小镇分为东西两部分，并依赖水系建设成散点分布的多个休闲公园。

2. 分期规划建设

南湖基金小镇总规划占地约 2.04 平方公里，呈南北向狭长形的长方形分布（见图 3-2）。项目按建设速度分为两个开发阶段，前后共分为四期。第一阶段为檇李路以北地块，包括一期和二期的开发建设（见图 3-3）。第二阶段为檇李路南侧地块，包括三期和四期的开发建设。两个地块都是以"基金+居住"的模式建设，包含办公、居住以及相应的配套设施，使每个规划区域都能配套完整。

一期启动区位于基金小镇的北侧，总规划面积约 200 亩。作为整个项目的

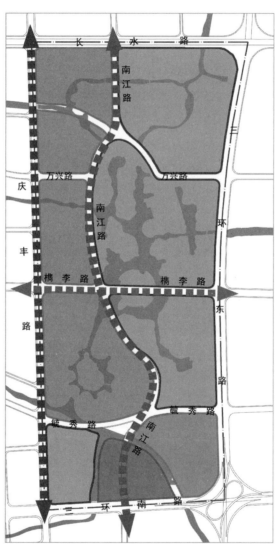

图 3-2　南湖基金小镇项目地块

资料来源：南湖基金小镇。

金融公寓
占地面积143亩

高层办公区
占地面积151.2亩

低密度办公区

占地面积216亩
高层办公区

国际学校
占地面积94亩

低密度办公区

金融学院
占地面积36亩

低密度办公区

占地面积206亩
高层办公区

金融公寓
占地面积113亩

低密度办公区

占地面积118亩
高层办公区

一期范围线
二期范围线

图 3-3　南湖基金小镇槜李路以北区域一期、二期分界图

资料来源：南湖基金小镇。

样板区，规划建设有亲水花园式办公楼区域、绿色高层办公区域、论坛会场区、金融商学院、金融家俱乐部会所、服务式公寓等。亲水花园式办公楼区域拟引入私募股权投资基金入驻，绿色高层办公区域拟引入大数据、云计算、人工智能、区块链、物联网等金融科技企业入驻。整个办公楼区域将汇聚投资企业与被投资企业，形成产业及服务体系，构建真正的"投融圈"，实现线上线下"科技金融联动"。

（1）亲水花园式办公楼区域。亲近自然、依水而建、绿荫环绕的现代化先进办公区域。该区域以"亲水花园式办公楼"为主要形式，规划岛域办公、水岸办公和森林办公三类高端办公模式。目前规划约 20 栋现代美式花园式办公楼，利用绿化景观自然遮挡，充分保证建筑的私密性，为满足入驻企业的个性化追求，提供定制个性化自主设计的平台，设计以"低调的质感"为主题。

区域建筑效果图及景观效果图分别如图 3-4、图 3-5 所示。

图 3-4　亲水花园式办公楼建筑效果图

资料来源: 南湖基金小镇。

图 3-5　亲水花园式办公楼景观效果图

资料来源: 南湖基金小镇。

（2）**绿色高层办公区域**。以可持续发展为目标的生态型办公模式开发建

设，肩负着本片区重要的形象展示功能。该区域以维护生态环境为日的，利用

高科技手段，将绿色植被等创新元素运用到建筑的设计中，采用信息技术、生

物科学技术、材料合成技术、资源替代技术、建筑错层等方式，不仅可降低建筑能耗，减少高层建筑对自然环境的破坏，而且能为办公人员提供更加舒适的办公环境。该区域建筑效果图如图3-6所示。

图 3-6　绿色高层办公楼建筑效果图
资料来源：南湖基金小镇。

（3）**商业配套区域**。结合优良的景观资源，连接高端商业区、金融家俱乐部会所、论坛会场区、金融商学院、服务式公寓等，是整个项目的商业休闲交流界面，其设计效果图如图3-7所示。其中，金融商学院以培养金融专业人才为目标，致力于打造成南湖金融集聚区的知识库和人才培养基地，帮助学员把知识转化为价值，为南湖基金小镇的长远发展提供永续不竭的动力，为各类金融机构输送急需的人才。

（4）**开放社区生活区域**。以绿色健康生活为主题，是主要的生活空间，包括美式私校、公立学校和部分配套住宅等多种业态，其空间设计效果如图3-8所示。

图 3-7　商业配套区域设计效果图

资料来源：南湖基金小镇。

图 3-8　开放社区生活区域设计效果图

资料来源：南湖基金小镇。

（5）**城市发展衔接空间。** 以槜李路为城区发展承接空间，由西往东，将城市事业、交通道路等功能连贯地过渡至将来的东部片区，为南湖基金小镇打造可持续发展的城市衔接空间。

3. 实体建设提升

2012 年以来，南湖基金小镇实体建设已历经了 5 年的时间，期间完成了小镇的产业规划、概念性规划和控制性详规，并于 2014 年 7 月成功举办了基金小镇奠基仪式。小镇启动区已全部完成区块征迁，启动区 124 亩办公用地已挂牌出让并启动建设。2016 年 10 月底，南湖基金小镇首栋亲水花园式办公楼——15 号楼正式建成，作为亲水花园式办公区域低层办公样板。坐落于 15 号楼的"小镇客厅"已全面投入使用，来客们可以通过"小镇客厅"近距离领略小镇 2.04 平方公里规划的风采。截至 2016 年 12 月底，小镇 20 栋亲水花园式办公楼桩基基本完成。小镇启动区道路、电力、管线等基础设施建设已全面启动。同时，槜李路以北道路铺设以及南江路、长水路的绿化景观建设也已完成，道路、绿化、水系、河岸等基础设施初具雏形。另外，作为南湖基金小镇办公配套的一部分，地处嘉兴市南湖区 CBD 核心商圈的环球金融中心也在 2016 年 10 月投入试运行。

（二）产业发展规模不断扩大

1. 基金类企业加速集聚

作为国内最早、最具影响力、规模最大的股权投资基金小镇，截至 2017 年 9 月底，南湖基金小镇已累计引进 3647 家私募股权投资基金、私募债权投资基金等，其中投资管理公司 490 家，平均每年以 60% 的速度增长（见图 3-9）。认缴规模已累计突破 6500 亿元，较 2012 年之前增长 42.5 倍；实缴规模超过 2000 亿元，较 2012 年之前增长 15.4 倍（见图 3-10），均领先于其他同类型基金小镇，成为浙江省资本密集度最高的地区之一。

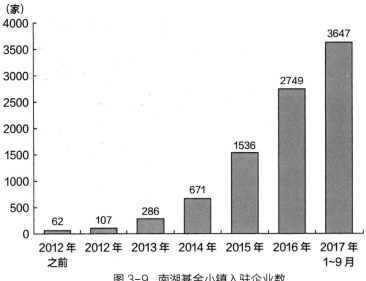

图 3-9 南湖基金小镇入驻企业数

资料来源：南湖基金小镇。

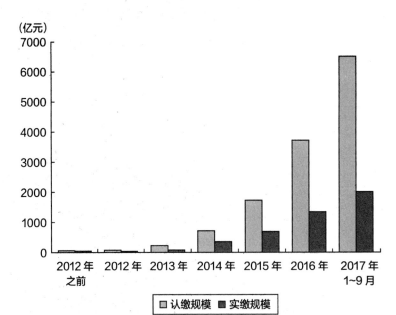

□ 认缴规模 ■ 实缴规模

图 3-10 南湖基金小镇认缴规模和实缴规模

资料来源：南湖基金小镇。

2. 知名基金管理公司青睐

根据南湖基金小镇发布的数据，截至 2017 年 9 月底，小镇内入驻的私募股权投资基金有 KKR、红杉资本、赛富基金、九鼎、蓝驰创投、硅谷天堂、天图资本、联创策源、红点创投、高原投资、和君咨询、长城资产、东方资产等；入驻的私募债权投资基金有信保、信业、稳盛、鼎信长城、长富汇银、盛世神州、河山资本、新沃资本、方兴地产、荣盛泰发等；入驻的银行系基金有兴业国信、平安财智、农银国际、建信资本、中民投资本等；入驻的互联网金融机构有蚂蚁金服（蚂蚁达客）、百度金融、京东金融、新浪金融、36 氪、天使汇等。

3. 税收爆发式增长

南湖基金小镇税收效益逐步释放，从 2012 年到 2017 年 9 月，南湖基金小镇的税收实现快速增长，分别为 0.074 亿元、0.3911 亿元、1.5 亿元、3.2 亿元、3.9 亿元、9.5 亿元（见图 3-11）。2012~2014 年三年年均税收增长超300%，实现了从百万元到千万元再到亿元的跨越。截至 2017 年 9 月底，南湖基金小镇累计总税收达 18.7 亿元。

南湖基金小镇的发展不仅带来了可观的税收、就业等直接经济效益，而且在优化区域经济结构、促进产业转型升级和实施创新驱动发展战略等方面的作用非常显著。截至 2017 年 3 月，南湖基金小镇引进的基金为省内 94 个项目提供了 114.4 亿元的投资，嘉兴市 57 个项目通过南湖基金小镇获得了 64.6 亿元的资金支持，其中南湖区四通车轮、凯实生物等科创型企业获得战略支持，青莲食品、和达科技、亚锦电子、艺能传媒等企业已挂牌新三板。中国太平保险

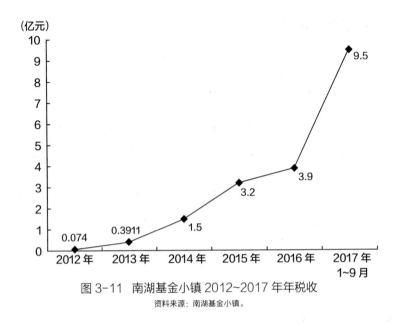

图 3-11 南湖基金小镇 2012~2017 年年税收

资料来源：南湖基金小镇。

集团公司将科技保险公司设立在南湖区。多类型金融机构入驻南湖基金小镇，金融科技聚集区初步成形。

（三）服务体系构建日益健全

南湖基金小镇硬性基础设施配套的特色是：高端、绿色、人性化、个性化，同时集办公、居住、休闲、教育、医疗、交流、生活配套等功能于一体，便捷周到，环境优美，能充分满足基金从业者对高品质生活的需求。

在居住方面，南湖基金小镇有服务式公寓、洋房、别墅等多种类别的住宅供园区内基金从业人员选择，可充分满足不同人群的居住需求。在生活配套方面，美式风情街独具小资风味，其中的餐厅、酒吧、进口超市等消费区可充分满足园区居民的生活需求。在教育配套方面，小镇与京沪等城市的知名院校合作办学，集聚了嘉兴学院、同济大学浙江学院、北京师范大学南湖附属学校、东北师范大学南湖实验学校等众多优质学校。同时，未来将开办美式私立学校，引进多种私立学校授课体系，提供出国留学一条龙服务，满足不同人群的教育选择。在医疗机构配套方面，南湖基金小镇紧邻嘉兴市第一医院和嘉兴妇幼保健院等医疗机构。

（四）品牌推广进一步打响

2015年6月5日，浙江省发改委发布浙江省首批37个省级特色小镇创建名单，南湖基金小镇成功入选。南湖基金小镇在浙江省、全国乃至全球范围内的知名度日益提高。《南湖区打造"基金小镇"的做法和启示》等多篇文章获浙江省省长李强、副省长朱从玖和嘉兴市委书记鲁俊等省市领导批示。副省长朱从玖两次专题听取基金小镇的建设规划情况，充分肯定了南湖基金小镇的前期建设工作。浙江省国家税务局党组书记、局长周广仁，嘉兴市委书记鲁俊，以及嘉兴市委常委、组织部长连小敏等领导相继来小镇视察调研。浙江省金融办领导也多次就基金小镇建设情况给予指导。

截至2017年9月，在嘉兴市委市政府和浙江省金融办的大力支持下，南湖基金小镇累计举办3次基金峰会、10次闭门研讨会、11次招商推介会以及6次投融资对接会，邀请百余名省部级领导和基金行业领袖前来参会，吸引了包括央视财经频道、新华社上海分社、第一财经在内的上百家国内外知名媒体参会，并发表近千篇报道。这些极大地提升了南湖基金小镇在全国乃至国际上的影响力和知名度，小镇已成为国内知名的"中国版沙丘路基金小镇"，吸引了包括信业、鼎信、华夏幸福在内的诸多国内知名机构新设基金。截至2016年12月底，南湖基金小镇已接待了20多批次来自江苏、安徽、上海、河北等地的考察团队。

三、南湖基金小镇创新经验

（一）政府主导、市场化运作模式

南湖基金小镇采取政府引导、企业主体、市场化运作的模式，政府与企业各司其职，抢抓机遇。在政府的引导下，凸显企业主体地位，发挥市场在资源配置中的决定性作用。

1. 政府主导

嘉兴市南湖区政府在南湖基金小镇的建设上主要扮演"引导员"和"服务员"的角色，重点工作内容包括小镇建设的政策制定、规划编制、项目监管、配套基建的完善、统计数据的上报、资源与服务的保障、文化内涵的挖掘传承与生态环境的保护等。

在政策制定方面，南湖区政府在南湖基金小镇建立之初，就明确基金小镇的定位是发挥连通"长三角"的区位优势，吸引优秀的金融企业落地生根，而不是所有种类基金的注册天堂。不管是在小镇的管理方面还是在金融监管方面，南湖区政府均出台了较为严格并且详细的管理措施。南湖区制定的政策稳定期长，平均为 6 年，有的可以达到 12 年，可以为在当地注册的企业和开展业务的机构带来政策保障。同时南湖区政策延续性强，在政策到期之前便做好下期政策拟定工作，确保政策的平稳过渡。

在基金小镇的发展与管理方面，南湖区政府提出要加强监督，制定全区特色小镇的统计监测体系，实行动态管理和年度考评动态调整，建立、完善定期汇报小镇建设和工作进展情况的工作机制,科学制定小镇建设的考核评价办法。

在政府服务的制度建设方面,南湖区政府深化行政审批制度改革,成立区行政审批局,简化审批流程,建立并完善由人民银行嘉兴中心支行、区行政审批局、财政、税务、金融办等部门组成的基金注册登记一对一服务的"绿色通道"。南湖区政府还首创推行"有条件备案"制度,加强对投资类企业监管,强化对企业股东结构等内容的审核,完善备案程序,规范股权投资产业发展。

在金融监管方面,南湖区政府对基金小镇的监管政策做到省、市、区三级协同进行,严格规范基金小镇发展,防控金融风险。一是严控基金设立条件。特别是严格控制投资类企业单个投资人的最低出资额,股权类投资企业要求单个投资人的最低出资额不低于 500 万元,非股权类的投资企业要求单个投资人最低出资额不低于 100 万元。二是动态掌握基金的资金流向。在基金注册过程中,要求托管银行必须是嘉兴本地银行或全国性银行设立在嘉兴的分支机构,并加强对基金资金流向的核对工作。

2. 市场化运作

南湖基金小镇虽然在开发前期采取政府主导模式,但在实际运营发展过程中,充分发挥了市场在资源配置中的重要作用,实现优势互补,使政府审批与市场化招商能够协同进行。2012 年,嘉兴市南湖金融区建设开发有限公司成立,以市场化的方式进行运作,为入驻基金小镇的企业提供一对一的高效、专业、优质的服务。比如,简化审批流程,会同行政审批部门探索推行"合伙协议标准化文本"、"合伙协议带条款签字"、"税收零申报非窗口批量录入"等创新措施,尽最大可能缩短行政审批时间,满足投资企业的特殊要求。这种招商模式通过市场化机制有效弥补了政府的效率不足，同时有效对接了政府与企业，使政府能够直接得到来自企业的反馈和建议，有效提升了政府的服务能力。与政府招商相比，市场化招商的成本更低、效率更高、创新能力更强。

"政策＋服务"是对南湖基金小镇发展模式的最好概括。南湖区政府深化制度改革，以结合市场和企业为一体的方式推进小镇建设。

（二）创新思维构建"金融生态圈"

南湖基金小镇生态圈的建设沿袭特色小镇"产、城、人、文"四个方面的特点，打造创业产业链，设立南湖互联网金融学院和南湖互联网金融学会，全方位对接"基金小镇—投融圈"服务，规划设立科技银行，优化信息交流平台，囊括政府和金融机构等多方参与主体，纳入人才培养、投融资对接等服务，共同组成金融生态圈。不同的机构与企业能在这样的金融生态圈内相互合作、协同发展，共同增强风险抵御能力；创业者和投资者加深交流，以金融支持实体经济的发展，实现与小镇的共同繁荣。

1. 对接"智力资源"

（1）学院建设。南湖互联网金融学院是一家秉承"求真、务实、守正、创新"精神的市场中立型机构。学院以市场化方式引领中国私募基金、互联网金融等的应用型研究，在高质量研究的基础上提供培训、咨询、会议等服务，推动相关金融领域健康发展。

2014年，私募基金行业迎来了发展的春天。私募基金牌照发放，"新国九条"①明确提出培育私募基金市场等政策利好释放，私募基金行业地位提升，规模扩展迅速。2015年政府工作报告提出"'互联网+'行动计划"，越来越多企业进入互联网金融行业，或者向互联网金融转型，大量人才向互联网金融领域流动。

私募基金、互联网金融在快速发展、备受全社会关注的同时，也暴露出很多风险和问题，面临一系列发展瓶颈，客观上需要有独立的研究机构来探索行业实践和监管中的前沿问题，总结经验教训，更新知识体系，为行业发展提供智力支持。在这种背景下，南湖互联网金融学院应运而生，于2015年9月24日在南湖互联网金融峰会上正式成立，总部设在南湖基金小镇，辐射长三角地区，并设有北京办公室。

南湖互联网金融学院一直积极与行业团体合作，目前已加入北京市互联网金融协会、上海市互联网金融行业协会和浙江互联网金融协会；学院在北京金融工作局指导下，参与组建互联网金融安全专家委员会，积极支持房山互联网金融安全示范产业园建设；学院还与九鼎合作成立社交金融研究院，与嘉兴学院合作成立嘉兴学院互联网金融学院，与滴滴金服、清华长三角研究院等机构建立战略合作关系。

（2）**学会建设。**为更好地服务入驻南湖基金小镇的企业，加强各企业之间的学术成果交流，由南湖互联网金融学院作为发起单位，成立了嘉兴市南湖

互联网金融学会。

嘉兴市南湖互联网金融学会面向全国互联网金融行业，致力于为会员搭建一个交流见解、探讨实际问题的开放平台。入驻南湖基金小镇的企业可作为学会的会员，分享南湖互联网金融学院的研究成果和行业资源；学会为入驻企业员工提供职业教育和认证，为企业中、高层提供高端培训，推动南湖基金小镇的建设。

2016 年 12 月 25 日，嘉兴市南湖互联网金融学会成立大会暨第一次闭门研讨会在南湖区举办。经过民主选举，西南财经大学中国金融研究中心教授李建勇担任首任会长（兼理事长），北京大学法学院教授彭冰担任首任监事长。目前学会有会员 100 多名。

2. 打造"基金小镇—投融圈"

"基金小镇—投融圈"由嘉兴市南湖新区管委会和嘉兴市南湖金融区建设开发有限公司共同设立搭建，结合南湖基金小镇招商资源，旨在为基金、项目、投资人提供一个免费、自由的信息交流平台，汇集投融双方需求的详细信息，使投融双方直接、有效地交流沟通，迅速满足各方的投融资需求。

目前，"基金小镇—投融圈"由股权投融圈、政府平台投融圈和地产投融圈三块构成。"基金小镇—投融圈"团队成员来自国内大型房企和知名创投机构，具有丰富的多业态房地产全程开发管理经验及企业投融资经验，能够为投融双方提供专业的服务。

"基金小镇—投融圈"平台以"基金小镇—地产投融圈"为先行者，于 2015 年 5 月正式上线。"基金小镇—地产投融圈"汇聚优质房地产项目，披露详细房地产项目信息；旨在帮助房地产项目投融资对接，为投融双方提供一个免费高效便捷的信息沟通平台。

"基金小镇—股权投融圈"于 2015 年 12 月开始试运行。"基金小镇—股权投融圈"主要服务于股权融资企业和股权投资机构，通过股权投融平台进行线上、线下对接，满足投融双方的需求，真正实现投融双方共享收益、共同成长。

"基金小镇—政府平台投融圈"将政府项目涉及的领域放开，不仅仅局限于地产项目，还增加了如轨道交通、污水处理、供水、供电等相关的众多领域。其提供政府融资平台项目发布、信息披露等基于"互联网＋"模式的全方位服务，满足民间资本与政府的多种合作方式，构建一个信息互通、免费高效的合作平台。

为了进一步满足平台使用者的需求，"基金小镇—投融圈"基于微信平台的 2.0 版本已于 2017 年 2 月推出，基金小镇的信息交流迈入了移动互联时代。新版公众平台与 PC 端平台保持一致，集地产、股权、政府投融资平台于一身，提供"招、投、管"产业链全方位的平台服务。截至 2017 年 7 月，南湖"基金小镇—投融圈"已帮助 36 个项目实现了 47 亿元的融资额。

（1）**新增五大功能。**为了方便投融双方更加安全、放心地进行项目投资，增加投资机会，新版"投融圈"微信公众平台还增加了项目的投后监管、证明人、项目核查系统、评分功能和项目实际控制人五大特色功能。

（2）**线上、线下双向推送。**南湖"基金小镇—投融圈"顺应"互联网＋"的发展趋势，结合南湖基金小镇线下实体资源，使"硬平台"和金融信息服务"软平台"有效互补，为投融资双方搭建线上、线下的双对接活动，从而实现全方位的金融信息资源共享，协助嘉兴科技城内创业企业有效对接投资机构。线上通过多渠道、多形式向股权投资基金、风险投资基金、创投基金推送科技企业和政府融资平台项目，还会在后期向这些科技企业提供融资项目的咨询、对接、合作、跟进等服务。线下主要是不定期举办各类投融资对接会等活动，如南湖基金小镇每月联合政府部门举办线下企业路演、资智对接等活动。

此外，为了使股权投资基金与科技企业的互动更加密切，南湖基金小镇线下搭建了"相约梧桐树下"茶社作为科技金融互动的线下活动中心，建立天使俱乐部，不定期举办小型路演、培训沙龙，充分利用南湖基金小镇实体资源，帮助企业对接风险投资，让更多投资者和企业家坐在一起面对面交流，创造更多的投资机会。

（3）**资本对接效用渐显。**目前，南湖"基金小镇—投融圈"的企业已扩展到农业生产企业、科技创新型企业等多个领域，且覆盖范围仍不断延伸。完成的融资项目里，不仅包括嘉兴本地各类高新科技公司，还包括浙江省外的多家文创类企业。

3. 规划"类硅谷银行"

嘉兴市于 2014 年正式获浙江省政府批准，开展省科技金融改革创新试验区的创建工作。作为全国科技进步示范市、国家创新型试点城市，为推进试验区建设，嘉兴市一直致力于以科技创新助力实体经济的转型升级。为更好、更快地实现这一目标，南湖基金小镇借鉴美国硅谷银行的成功发展模式，规划在嘉兴市设立科技型民营银行。

科技型民营银行能以金融创新促进科技型中小企业创业创新，深化相关融资产品和渠道，是科技金融服务体系的重要组成部分。在嘉兴设立科技型民营银行，能有针对性地解决科技型中小企业数量多、融资难的问题，实现银行信贷资金与科技型企业有效对接，加大对科技型企业的金融支持力度，为科技企业提供贷款投资和贷款保险联动，支持实体经济转型升级，同时积极引导和鼓励民间资本参与金融业。

科技型民营银行利用南湖基金小镇入驻基金对其投资对象的深入调研及其在项目选择和客户识别上的能力，筛选具备良好条件的可支持信贷企业，以"先投后贷"的方式，运用知识产权质押、与基金合作、投资功能子公司直接投资和参股、贷款限额控制和组合风险管理等多种手段，有效控制对科技型中小企业的贷款风险和不良贷款率。总的来说，科技型民营银行为基金及其投资的企业提供金融服务和信贷支持，基金为科技型民营银行提供专业知识支持和推荐优质客户，打造"投贷联盟"。

4. 优化信息交流平台

南湖基金小镇通过"政府助推，联动监管"到"专家把脉，助力监管"，全方位打造立体化监管格局；通过举办政策解答会，使市场主体与政府相关机构零距离沟通；通过发起建立"基金投资服务联盟"，为基金管理人就政策上的困惑进行答疑解惑。南湖基金小镇还联合南湖互联网金融学院、南湖互联网金融学会在北京、嘉兴等地召开闭门研讨会，邀请私募基金学术界和实务界的学者专家以及政府监管部门相关负责人，一起分析私募基金、互联网金融等行业的发展现状，探讨监管、金融风险防范和发展趋势预测等问题。

（三）"立体式"金融监管体系

南湖基金小镇始终将风险防控放在首位，严格监管，实现金融风险监管的全覆盖。在发展历程中，南湖基金小镇积极探索金融安全示范区之路，建立"立体式"金融监管体系，实现了三个"全国最早"：最早审核基金资质，建立"黑名单、红名单"筛选制度，禁止"黑名单"基金，鼓励"红名单"基金，做到"事前监管"；最早推行"有条件备案"制度，进行基金备案，建立动态跟踪监管制度，做到"过程监管"；最早建立线上监管服务平台，从资质审核、风险预警、数据分析等八个方面入手，做到"全面监管"。南湖基金小镇对每一家入驻的基金进行严格把关，对基金的资金来源、资金去向、投资项目和利益分配实行层层监管，为入驻基金筑起了一道金融安全的"防火墙"。

1. 事前监管

"黑名单、红名单"筛选制度。为快速、便捷筛选优质基金和互联网金融企业，营造良好的金融生态环境，南湖基金小镇秉承"先规范、再发展"的理念，依托有关政府部门和社会组织依法依规发布的权威信息，率先建立小镇门槛准入机制——"黑名单、红名单"筛选制度。这一筛选制度的核心是基金小镇严格把关，对拟入驻企业的实际控制人、投资方向、投资案例和入驻门槛等内容进行审核，加强源头管理。对"红名单"诚信企业重点引进，而对严重失信的"黑名单"企业则严格禁止。

在具体实施上，由嘉兴市南湖基金小镇建设开发公司（以下简称"开发公司"）协助嘉兴市南湖区金融工作办公室（以下简称"区金融办"）进行源头管理。首先，开发公司根据全国企业信用信息公示系统、中国裁判文书系统、基金业协会公示制度以及"网贷之家"等权威信息建立"黑名单、红名单"机制，并进行实时更新。其次，开发公司将"黑名单"、"红名单"上报区金融办，如实告知该企业需入"黑名单"、"红名单"的原因，提交区金融办进行审批。最后，由区金融办最终决定该企业是否被列入"黑名单"、"红名单"。

2. 过程监管

"三级筛选"管理制度。为使监管到位并严控金融风险，南湖基金小镇在"黑名单、红名单"筛选制度的基础上，对拟入驻企业建立"三级筛选"流程管理制度。

第一步，入驻筛选。在对外招商中，南湖基金小镇对企业进行首轮风险把控，对实际控制人背景、投资方向、投资案例以及设立企业规模进行筛选，将不符合要求的、无合理说明的企业排除在外；符合要求的企业获得入驻南湖基金小镇资格。

第二步，中级筛选。企业获取入驻南湖基金小镇资格后，由开发公司招商服务专员为其免费办理注册、变更、开户等系列行政审批手续。招商服务专员在收到企业的注册或变更资料时，对出资信息、企业设立门槛以及单个 LP 最低出资额等进行审核，确认无误后为其办理入驻手续。

第三步，高级筛选。企业完成工商注册、变更手续后，需在募集资金后20 个工作日内提供相关资料到南湖区金融办进行报备，由开发公司协助办理相关手续。对未在基金业协会登记备案企业，建立有条件备案制度，由区金融办对其股东结构、股本结构、验资报告和资本募集合法说明书等重点内容进行备案审核，真正实现对投资企业有案可溯，有据可查。

3. 全面监管

"动态跟踪"监管制度。2015 年以来，各地相继出现投资类公司涉嫌非法集资的案件，致使部分群众财产蒙受损失，对社会造成了不良影响。这充分显示了加强投资类公司监管、防范金融风险的重要性。为此，南湖区金融办专门设立动态跟踪服务机制，建立线上监管服务平台，从资质审核、风险预警、数据分析等八个方面入手，对南湖基金小镇的入驻企业实行运营监管，实时保障南湖基金小镇生态圈内的金融安全，防止非法集资的出现，营造有序、稳定和健康的金融环境。

以大数据和云计算技术为核心的在线监管服务平台"资质审核"模块于 2017 年 3 月 28 日上线，并于 2017 年 5 月推出 2.0 版本。该平台秉持金融科技与小镇建设相结合的理念，依靠蓬勃兴起的新技术，为入驻小镇的每个企业提供一个独特的 ID，进行数字化监管。基金小镇的线上监管平台可实现以下三方面的优势：

一是基金小镇监管平台实现对每一个存量企业的风险评估，若平台发现私募投资基金存在潜在风险，风险预警系统就会启动。该平台可以根据企业信息管理模块中的注册时间、认缴金额、实缴金额等指标，对备案信息不实、信息披露不完全的入驻机构进行自动筛选、动态跟踪，努力营造一个安全、健康、稳健的金融生态环境。

二是通过线上数字化监管，基金小镇可以随时查阅和统计企业相关信息，从而实现对申报企业的"零公里"审批、对入驻企业的无纸化监管，从根本上节约了基金业务人员处理烦琐流程的时间，减少金融成本，提高金融效率。

三是通过嘉兴市南湖区金融办的信息渠道，基金小镇监管平台也为入驻的投资类企业推送相关资讯，使投资人掌握最新监管动态，解决对监管信息掌握滞后的问题。

南湖基金小镇还成立了金融风险防控专项整治领导小组，加大了对财富类、投资类公司的监管力度，防范可能出现的风险；提前做好应急处置预案，加强事后风险处置，降低风险损失，维护社会稳定。

事前监管、过程监管、全面监管"三步走"的监管制度体系，为南湖基金小镇筑起了一道金融安全的"防火墙"，实现了金融创新与金融监管的良性互动。展望未来，南湖区金融办和南湖基金小镇将进一步加强监管创新能力，为入驻企业打造更加健康、安全、有序的金融生态圈。

(四)"保姆式"小镇服务

南湖基金小镇从政策指引到实际运营都高度重视打造专业化、专属化、高品质、高效率的小镇服务，打造差异化服务优势，避免与其他基金小镇的同质化竞争。

在政策指引上，南湖基金小镇对符合入驻要求的企业，配备服务专员全程、及时解答其在各类政策、操作细节等方面的疑问，免费接待拟入驻企业到小镇参观考察，并协助完成兑现产业扶持奖励政策的申请服务。

在实际运营上，南湖基金小镇在工商注册、变更、迁入、备案、年检、注销等方面，主动在南湖区金融办、工商、税务等部门间进行协调，有专人为小镇入驻企业和投资人提供"保姆式"全程服务，具体内容如表3-1所示。

表 3-1 南湖基金小镇"保姆式"服务具体内容

部分服务名称	具体内容
合伙制与公司制企业注册服务	南湖基金小镇为投资类企业的相关行政审批设立了绿色通道，完成营业执照、印章、组织机构代码证、税务登记证、开户许可证等全套注册手续仅需7个工作日。企业注册可以全程委托基金小镇服务专员制作资料及办理，手续较其他地区更为简便
合伙制与公司制企业变更服务	南湖基金小镇考虑到私募基金需要多次变更合伙企业信息的特殊性，对于变更也开通了相应的绿色通道，整个流程只需要7个工作日。企业变更可以全程委托基金小镇服务人员制作资料及办理，手续较其他地区更为简便
外地企业迁入服务	南湖基金小镇为原本在外地注册的企业，整理了迁入流程，开通了企业迁入的绿色通道，在收到档案资料后仅需7个工作日即可完成工商迁入程序。企业迁入后可协助企业领取变更后的档案
企业备案服务	整个备案过程均由基金小镇服务专员与南湖区金融办沟通并整理相关资料
企业纳税申报服务	基金小镇服务专员协助企业完成每月的纳税申报
企业年检服务	基金小镇服务专员在每年1~3月根据跟进企业联系负责人，索取年检资料并进行信息上报
企业注销服务	整个注销过程均由基金小镇服务专员与工商、税务部门沟通并整理相关资料

资料来源：南湖基金小镇。

（五）"定制式"生活办公

南湖基金小镇秉持以人为本的服务理念，致力于为客户带来个性化、专业化、人性化的服务体验。

基于对"个性化需求"的深度理解，南湖基金小镇通过关注人与自然的和谐发展并营造个性化、多元化的办公气氛，打造基金公司最为理想的办公环境，提出了"定制化、花园式办公"的理念，并推出个性化定制代建的特色服务，即"你提出要求，我来实现，在不改变总体规划和用地性质的前提下，围绕客户需求来设计建设办公楼"，形成一种全新的办公楼建设模式。

定制化的办公楼是南湖基金小镇的特色产品，既可作为公司私属的办公场所，又承担着企业形象展示的功能，是跨界型的物业。南湖基金小镇自由开放、亲近自然、轻松舒适、个性多元的办公环境不仅是其打造独特形象的重要组成部分，也代表了未来基金小镇的发展趋势。

（六）私募基金中后台服务

2014 年 11 月，证监会发布了《基金业务外包服务指引》，对私募基金业务外包做出了原则性规定，限定了基金管理开展业务外包的主要环节，明确了精简行政审批事项的理念。在经济全球化的环境下，金融业中后台服务外包有利于金融机构控制成本、获取新技术、专注投资、提升价值。近年来，随着私募基金行业的迅猛发展，基金中后台服务外包行业也随之进入高速成长期，成为大势所趋，产业化、规模化的程度日益提高。

私募股权投资基金中台业务包括架构设计和资金募集，后台业务包括基金运营、基金财务和基金备案等。私募证券投资基金中后台业务还包括份额登记、估值核算、资金清算和绩效归因等业务。

目前，南湖基金小镇主要为入驻的私募证券投资基金和中小规模的私募股权投资基金提供中后台业务外包服务。基金中后台业务的搭建成本较高，南湖基金小镇通过集聚效应和规模效应降低由基金公司平摊的费用，减少私募基金部分非核心职能的重复建设，支持基金公司将有限的资源集中到提高核心竞争力上。

1. 登记备案

（1）提供架构设计服务。南湖基金小镇为准备开展基金业务的金融机构或准备从事基金服务的基金公司提供架构设计服务。南湖基金小镇通过研究各类代表型基金的架构设计模式，权衡风险控制、税务优化、股权治理等方面的利弊，结合金融机构和基金公司的实际情况，为其选择公司制、有限合伙制、公司有限合伙制、信托制、公司信托等八种组织架构中最合适的企业架构设计。

（2）**提供高效、专业的备案服务**。南湖基金小镇组建专业团队和基金业协会沟通往来，为私募基金提供高效、专业的备案服务，包括出具私募基金募集规模证明、实缴出资证明等。南湖基金小镇全程协助入驻基金整理工商登记和营业执照正副本、验资报告、高管名单和基本信息、从业资格证等基金备案所需的各种材料，代为提交材料至有关部门进行审核。

2. 产品设计和推广

部分中小私募基金在品牌知名度、市场公信力和产品号召力等方面面临一定瓶颈，再加上激烈的市场竞争和严格的监管制度，自主发行产品会有一定的难度。而南湖基金小镇能够为中小基金提供有针对性的产品设计、政策咨询等服务，持续扶持私募基金成长。

南湖基金小镇投融圈保持着和私募基金的良好沟通，了解基金公司的需求，有针对性地推荐项目。此外，南湖基金小镇还定期举办项目路演活动、项目对接洽谈会和资本对接活动，为资金方和项目方提供有效交流的渠道。

3. 估值核算

在估值核算业务方面，南湖基金小镇主要提供估值、核算、报表编制、报告报送、数据处理、相关资料存管等服务。

（1）**提供财务外包服务**。针对规模较小的证券投资基金在基金估值核算方面的极大需求，南湖基金小镇已邀请嘉兴市会计师事务所在基金小镇内设立分所，为入驻基金提供代理报税、年检等服务。基金公司保留业务和财务的原始单据，登录小镇财务管理平台，可选择自行完成数据录入，也可直接拍照上传，由分所人员录入数据，录入完成即可得到平台自动生成的财务和业绩核算结果。同时，基金公司授权人员可随时随地在移动终端查看报表分析、核算情况、业务进展和资金使用情况等信息。

南湖基金小镇通过提供财务外包服务为入驻基金降低在财务机构设置、人员培训及薪酬等方面的支出，降低运营成本和管理成本。

（2）提供信息披露支持。南湖基金小镇与赢时胜等专业金融软件供应商合作，根据基金业协会最新要求开发信息披露平台，提供月报、季报、年报等60余张标准报表和个性化定制报表供入驻基金选择。基金募集和运行期间需要定期披露的标准化报表可通过上述平台自动生成。南湖基金小镇会协助基金管理人完成相应报告的编制，通过信件、传真、电子邮件等方式报送给投资者，并发布在基金业协会信息披露平台。

4. 份额登记

南湖基金小镇与赢时胜、恒生电子合作，完成系统部署测试、数据交换平台安装测试、TA 注册登记代码申请、系统上线准备、产品合同确立、托管银行确立、产品发行成立、验资和基金业协会备案等准备工作，可满足份额登记业务中的各类需求。

南湖基金小镇组建了专业团队，协助基金公司办理基金份额登记过户、存管、红利发放、结算、清算等业务，为入驻基金节约行政时间成本。

5. 信息技术系统服务

通过与赢时胜和恒生电子的合作，南湖基金小镇为入驻基金提供核心业务必需的应用系统和辅助系统，同时配备专业技术人员随时维护系统的安全稳定，保证入驻基金公司的日常工作。南湖基金小镇凭借规模化经营获取价格优势，提供电脑、Wi-Fi、电话、打印机、复印机等硬件设备的租赁服务，为入驻基金公司提供便利。

总的来说，私募基金中后台外包服务为基金公司应对多变的经济环境提供了灵活性，使之能够将精力集中于核心业务，节省了时间成本、运营成本和人力成本，提升了公司运作效率。私募基金中后台服务外包是私募基金行业发展的大势所趋。南湖基金小镇希望通过提供专业、低价、高效的私募基金中后台外包服务，一方面推动小镇服务产业链的延伸，提升服务品质，增强客户满意度和黏性，更好地开展园区招商工作；另一方面瞄准中国万亿级的私募基金市场，服务不同地区的私募基金机构。

专栏1：我国私募基金登记备案概况

本专栏通过对私募基金登记备案相关政策、私募基金管理人的主要类型、私募基金备案频度、私募基金管理人管理基金规模和区域分布进行梳理和研究，从而帮助读者更好地理解私募基金登记备案相关事宜。

（一）私募基金登记备案相关政策梳理

在私募基金的登记备案方面，基金业协会已出台两份政策文件和13份《私募基金登记备案相关问题解答》文件。政策文件具体信息如表3-2所示。

在基金业协会出台的相关政策中，以下两点内容对私募基金登记备案的影响较大：

表 3-2 私募基金登记备案政策文件

文件名	发件单位	发布时间
《私募投资基金管理人登记和基金备案办法（试行）》	中国证券投资基金业协会	2014-02-07
《关于进一步规范私募基金管理人登记若干事项的公告》	中国证券投资基金业协会	2016-02-05

资料来源：南湖互联网金融学院根据公开信息整理。

第一，在注销"空壳"私募基金管理人方面，基金业协会在《关于进一步规范私募基金管理人登记若干事项的公告》中明确规定，对以下提及的"空壳"私募基金管理人进行注销：①自该公告发布之日起，新登记的私募基金管理人在办结登记手续之日 6 个月内仍未备案首只私募基金产品的；②自该公告发布之日起，已登记满 12 个月且尚未备案首只私募基金产品的私募基金管理人，在 2016 年 5 月 1 日前仍未备案私募基金产品的；③自该公告发布之日起，已登记不满 12 个月且尚未备案首只私募基金产品的私募基金管理人，在 2016 年 8 月 1 日前仍未备案私募基金产品的。

第二，在对私募基金登记备案进行专业化管理方面，基金业协会在 2017 年 3 月发布的《私募基金登记备案相关问题解答（十三）》中明确表示：①私募基金管理人在申请登记时，应当在"私募证券投资基金管理人"、"私募股权、创业投资基金管理人"等机构类型，以及与机构类型关联对应的业务类型中，仅选择一类机构类型及业务类型进行登记；②私募基金管理人只可备案与本机构已登记业务类型相符的私募基金，不可管理与本机构已登记业务类型不符的私募基金；③同一私募基金管理人不可兼营多种类型的私募基金管理业务；④若私募基金管理机构确有经营多类私募基金管理业务的实际、长期展业需要，可设立在人员团队、业务系统、内控制度等方面满足专业化管理要求的独立经营主体，分别申请登记成为不同类型的私募基金管理人。

此外，2017 年 4 月 5 日，基金业协会的"资产管理业务综合报送平台"第二阶段上线运行。基金业协会重申，"前期在原登记备案系统中已登记多类业务类型、兼营多类私募基金管理业务的私募基金管理人，应当按照《私募基金登记备案相关问题解答（十三）》的要求进行整改，从已登记业务类型中仅选择一类作为展业范围，确认自身机构类型"。

（二）私募基金管理人类型

私募基金管理人类型及私募基金业务类型如表 3-3 所示。

表 3-3　私募基金管理人类型及私募基金业务类型

管理人类型	业务类型	定义	产品类型
私募证券投资基金管理人	私募证券投资基金	主要投资于公开交易的股份有限公司股票、债券、期货、期权、基金份额以及中国证监会规定的其他证券及其衍生品种	权益类基金、固定收益类基金、混合类基金、期货及其他衍生品类基金等
	私募证券类 FOF 基金	主要投向证券类私募基金、信托计划、券商资管、基金专户等资产管理计划的私募基金	
私募股权投资基金管理人	私募股权投资基金	除创业投资基金外主要投资于非公开交易的企业股权	并购基金、房地产基金、基础设施基金、上市公司定增基金等
	私募股权投资类 FOF 基金	主要投向股权类私募基金、信托计划、券商资管、基金专户等资产管理计划的私募基金	
创业投资基金管理人	创业投资基金	主要投向处于创业各阶段的未上市成长性企业进行股权投资的基金（新三板挂牌企业视为未上市企业）	
	创业投资类 FOF 基金	主要投向创投类私募基金、信托计划、券商资管、基金专户等资产管理计划的私募基金	

管理人类型	业务类型	定义	产品类型
其他私募基金管理人	其他私募投资基金	投资除证券及其衍生品和股权以外的其他领域的基金	红酒、艺术品等商品基金等
	其他私募投资类 FOF 基金	主要投向其他类私募基金、信托计划、券商资管、基金专户等资产管理计划的私募基金	

资料来源：南湖互联网金融学院根据公开信息整理。

（三）私募基金备案频度

对私募基金备案频度进行研究，一方面能更好地把握监管部门对私募基金所持的态度；另一方面也能更清晰地了解中国私募基金的市场发展情况。在私募基金备案频度方面，笔者主要对 2015 年 1 月至 2017 年 8 月每月登记的私募基金管理人数及较上月增数、每月备案的私募基金数及较上月增数，以及2017 年 8 月至 9 月中旬，每周私募基金管理人登记数量和私募基金备案数量等方面的内容进行了分析。

如图 3-12 所示，2015 年 1 月至 2016 年 1 月，已登记私募基金管理人的数量均在增长且增速平缓稳定，平均每月增长 1572 家[1]。2016 年 2 月，基金业协会出台《关于进一步规范私募基金管理人登记若干事项的公告》，之后受该政策影响，2016 年 4 月、7 月私募基金管理人数量大幅度减少[2]。据基金业协会内部相关人士透露，截至 2016 年 7 月底，注销的"空壳"私募基金管理人逾万家。2016 年 8 月至 2017 年 8 月，私募基金管理人数量的增速又趋于稳定，平均每月增长 322 家。

---

[1] 每月底统计的管理人数量均是新增管理人数量减去注销管理人数量的结果。
[2] 减少原因见专栏 1 第一部分私募基金备案政策的内容。

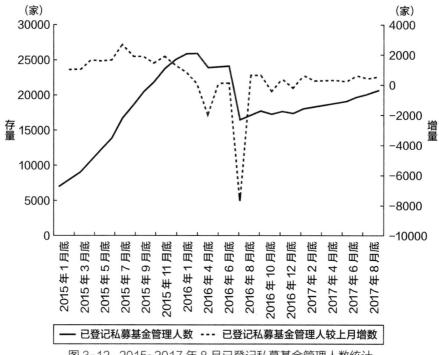

图 3-12 2015~2017 年 8 月已登记私募基金管理人数统计

资料来源：基金业协会。

如图 3-13 所示，2015 年 1 月至 2017 年 8 月，每月的私募基金数量均在上升，平均每月增长 1728 只，增长最大值为 4474 只（发生在 2016 年 7 月底），增长最小值为 730 只（发生在 2015 年 10 月底）[①]。与私募基金管理人数不同，私募基金的备案数量并未受《关于进一步规范私募基金管理人登记若干事项的公告》太大影响，主要原因在于该公告主要针对"空壳"私募基金管理人，注销"空壳"私募基金管理人与私募基金业务并无太大关系。

---

❶ 每月底统计的私募基金数量均是新增私募基金数量减去注销私募基金数量的结果。

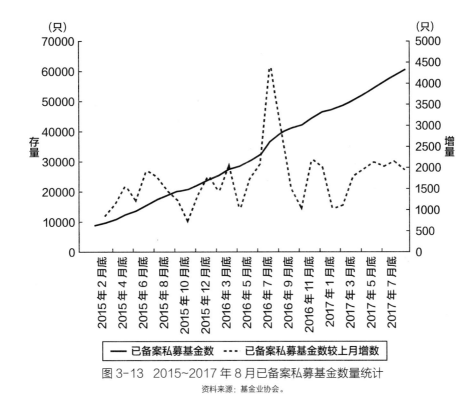

图 3-13　2015~2017 年 8 月已备案私募基金数量统计

资料来源：基金业协会。

　　如图 3-14 所示，2017 年 8 月至 9 月中旬，每周私募基金的平均备案数量为 578 只[①]，备案数量整体呈现逐渐上升趋势。截至 2017 年 9 月 22 日，已备案私募基金 72983 只。

　　如图 3-15 所示，2017 年 7 月底至 9 月中旬，基金业协会平均每周对备案的私募基金管理人进行一次统计，在这八次统计中，私募基金管理人平均备案数量为 145 家。截至 2017 年 9 月 21 日，已备案私募基金管理人 21047 家。

---

❶ 私募基金备案仅在工作日进行。

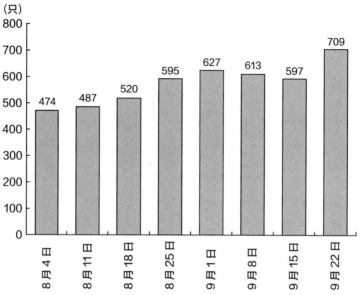

图 3-14　2017 年 8 月至 9 月中旬每周私募基金备案数量统计

资料来源：基金业协会。

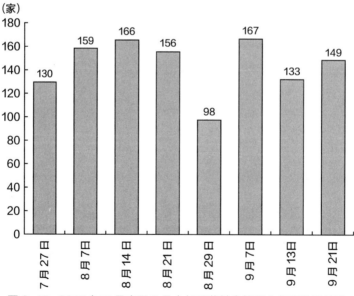

图 3-15　2017 年 7 月底至 9 月中旬私募基金管理人备案数量统计

资料来源：基金业协会。

(四) 私募基金管理人管理基金规模分布及区域分布

本部分通过对私募基金管理人管理基金规模分布、私募基金管理人注册地分布进行简要分析，了解私募基金的主要规模分布和私募基金的活跃区域，将有助于把握之后私募基金相关登记备案的政策趋势。

如图 3-16 所示，截至 2017 年 8 月，中国私募基金管理人管理的基金规模主要集中在 10 亿元以下，其中管理基金规模在 1 亿~5 亿元的私募基金管理人所占比重最大。此外，根据基金业协会以往数据统计，在 2017 年 8 月以前，基金业协会主要统计和关注的对象是管理基金规模在 20 亿元以上的私募基金管理人；在 2017 年 8 月底的数据统计中，基金业协会对管理基金规模在 20 亿元以下的私募基金管理人进行了细分。

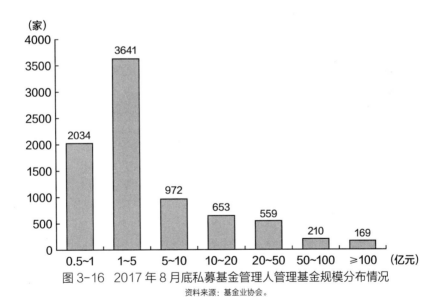

图 3-16 2017 年 8 月底私募基金管理人管理基金规模分布情况

资料来源：基金业协会。

如图 3-17 所示，根据基金业协会发布的数据，截至 2017 年 8 月底，已登记私募基金管理机构数量从注册地分布来看（按 36 个辖区），集中在上海、深圳、北京、浙江（除宁波）、广东（除深圳），总计占比达 72.95%。其中，上海 4324 家、深圳 4092 家、北京 3922 家、浙江（除宁波）1557 家、广东（除深圳）1172 家，数量占比分别为 20.93%、19.81%、18.99%、7.54%、5.67%。因此，之后的私募基金相关登记备案政策应该也会主要依据这些地区的基金发展情况进行制定。

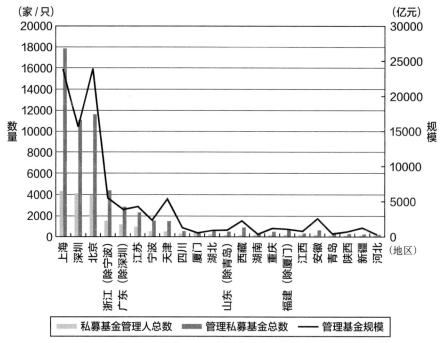

图 3-17　截至 2017 年 8 月私募基金管理人注册地分布情况①
资料来源：基金业协会。

❶ 本图仅绘制私募基金管理人数量大于 100 家的地区。

专栏 2：我国私募基金服务业发展概况

（一）私募基金服务业统计概况

私募行业的快速增长带动了私募基金服务业务的发展。一些私募管理人将不涉及投资的非核心业务外包给私募服务机构，以便于将精力集中于投资研究、项目筛选及投后管理等核心业务。私募服务业务由基金业协会负责自律监管，并实行登记制度。

基金业协会于 2015 年 4 月公示了第一批完成备案的私募基金服务机构名单，至今已公布三批。根据公示信息，截至 2016 年底，共计 44 家私募基金服务机构完成备案，其中有 37 家份额登记机构、40 家估值核算机构和 5 家信息技术服务机构（见表 3-4）。44 家服务机构中有 20 家证券公司、7 家商业银行、2 家独立外包机构同时具有估值核算和份额登记业务资格，1 家 IT 公司同时具有份额登记和估值核算业务资格。

表 3-4 私募基金服务机构及人员统计

服务类型	机构数量（家）	占比（%）	从业人员（人）	占比（%）
份额登记	37	45.12	173	36.34
估值核算	40	48.18	224	47.06
信息技术服务	5	6.10	79	16.60

资料来源：基金业协会。

在三种业务类型中，除信息技术服务完全由 5 家 IT 企业独揽外，份额登记和估值核算机构多数为持牌金融机构，具体分布情况如表 3-5、表 3-6 所示。

表 3-5 份额登记机构

机构类型	数量（家）	占比（%）
证券公司	20	54.05
商业银行	7	18.92
基金管理公司	8	21.62
IT	0	0.00
独立外包机构	2	5.41
合计	37	100.00

资料来源：基金业协会。

表 3-6 估值核算机构

机构类型	数量（家）	占比（%）
证券公司	20	50.00
商业银行	7	17.50
基金管理公司	8	20.00
IT	1	2.50
独立外包机构	4	10.00
合计	40	100.00

资料来源：基金业协会。

从以上统计可见（不考虑基金募集和投资顾问），一方面私募基金服务业务整体规模较小，涉及机构仅 40 余家，从业人员仅数百人；另一方面私募基金服务业务基本上由持牌金融机构所垄断，除证券公司、商业银行与基金管理公司外，4 家独立外包机构中有 2 家为证券公司百分之百控股，1 家有大型金融机构作为合伙人。

（二）私募基金服务业务监管要点

在现有监管制度下，私募基金服务业务由基金业协会负责自律监管，设定了市场准入的门槛，并实行登记制度。下面从四个方面进行介绍：

1. 相关监管文件

2015 年 2 月，基金业协会发布的《基金业务外包服务指引（试行）》（以下简称《指引》）正式实施。之后基金业协会开展了私募外包服务机构的备案工作，并先后公示了三批备案机构。

2016 年 11 月，基金业协会发布《私募投资基金服务业务管理办法（征求意见稿）》，2017 年 3 月基金业协会发布了《私募投资基金服务业务管理办法（试行）》（以下简称《管理办法（试行）》），同时上述《指引》废止。另外，2017 年 3 月基金业协会还发布了《私募投资基金服务机构登记法律意见书指引》，要求私募服务机构在申请登记时，依照该指引聘请律师事务所出具《法律意见书》。对于私募服务业务中的基金募集，2016 年 4 月基金业协会发布的《私募投资基金募集行为管理办法》作出了具体规定。

2. 私募基金服务业务类型

《管理办法（试行）》规定了五种主要的私募基金服务业务类型，包括基金募集、投资顾问、份额登记、估值核算和信息技术。其中，基金募集适用《私募投资基金募集行为管理办法》，投资顾问适用 2017 年 7 月证监会发布的《证券期货经营机构私募资产管理业务运作管理暂行规定》，《管理办法（试行）》对份额登记、估值核算、信息技术三种服务业务进行了具体规范。同时，《管理办法（试行）》还对资产保管和附属服务业务做了以下界定：资产保管是指为私募基金管理人提供账户管理、清算交割、财产凭证保管等服务；附属服务包括监管数据报送、基金绩效分析、人员派遣、高管及员工业务培训等。

3. 市场准入

不同的私募服务业务有不同的市场准入标准，具体如下：

对于基金销售业务，基金业协会 2016 年 4 月发布的《私募投资基金募集行为管理办法》规定："在中国证监会注册取得基金销售业务资格并已成为中国基金业协会会员的机构可以受私募基金管理人的委托募集私募基金。其他任何机构和个人不得从事私募基金的募集活动。"可见开展私募基金的销售服务，必须取得基金销售牌照并成为基金业协会会员。

2016 年 7 月证监会发布的《证券期货经营机构私募资产管理业务运作管理暂行规定》将私募证券投资基金纳入其监管范围，规定为私募证券投资基金提供投资顾问服务有以下主体要求：可以从事资产管理业务的证券期货经营机构，在基金业协会登记满一年，无重大违法违规记录，同时具备 3 年以上连续可追溯证券、期货投资管理业绩的投资管理人员不少于 3 人，无不良从业记录的私募证券基金管理人。

对于份额登记、估值核算及信息技术三种业务类型，根据《管理办法（试行）》，"私募基金管理人应当委托在基金业协会完成登记并已成为协会会员的服务机构提供私募基金服务业务"。此外，对于份额登记和信息技术服务，《管理办法（试行）》设定了实缴注册资本不低于 5000 万元的门槛。上述三种服务机构在 2017 年 5 月 2 日后通过"私募基金服务机构登记系统"进行登记，以及重大事项变更、重大事项报告、季度报告和年度报告等信息变更和报送。

《管理办法（试行）》对于资产保管业务和附属服务也设定了准入门槛。开展资产保管业务需要经中国证监会核准，依法取得基金托管业务资格或者在协会完成基金份额登记。开展附属服务需要具有估值核算业务资格。

4. 基金服务与托管隔离

《管理办法（试行）》规定：私募基金托管人不得被委托担任同一私募基金的服务机构，除该托管人能够将其托管职能和基金服务职能进行分离，恰当地识别、管理、监控潜在的利益冲突，并披露给投资者。该条规定是《管理办法（试行）》中增加的重要内容，因为基金服务中的估值核算等数据需要与托管的数据进行互相校验，所以将基金服务与托管隔离对于私募基金的风险防范和风险隔离有重要意义。

（三）美国私募基金服务业发展情况及其对我国的启示

美国的基金服务业务发展较早、市场覆盖范围大、服务业务内容广泛，对我国基金服务业务的发展有以下三方面的借鉴意义：

一是我国基金服务业仍处于发展初级阶段，市场空间较大。仅以私募股权基金和房地产基金（Private Equity/Real Estate，PE/RE）为例，截至 2016 年 11 月 30 日，美国 PE/RE 基金管理的资产规模（Asset Under Management，AUM）达 38469 亿美元，选择第三方服务的 PE/RE 基金（Asset Under Administration，AUA）占整个资产管理规模的 32.12%。根据基金业协会的私募基金登记备案月报，截至 2017 年 6 月底，我国已经备案的私募股权基金（包括 PE 和 VC）实缴规模达 5.83 万亿元，较 2015 年底的 3.07 万亿元增长了近一倍。已经备案的私募基金整体规模达 9.46 万亿元，较 2015 年底的 2.71 万亿元增长了近 2.5 倍。我国私募基金行业体量已达到较大规模，同时增长迅速，为私募基金服务行业提供了较大市场空间。

二是随着基金规模的增长及市场需求的发展，未来有望出现具备一定规模的独立第三方基金服务机构。美国的私募基金服务业中除了有金融机构参与外，还出现了部分规模较大的、在行业内有较大影响力的独立第三方服务机构，如 SS&C Technologies INC、Standish Management 和 LeverPoint 等。目前，从基金业协会登记情况看，我国基金服务业务基本由持牌金融机构垄断。未来，随着私募基金行业的壮大及私募基金服务需求的增长，在金融机构所不具有比较优势或不愿意涉足的业务领域，可能出现一些规模较大的独立第三方私募基金服务机构。

三是私募基金服务业务的内容有望进一步扩展。以美国 Standish Management 为例，其官网展示的服务内容包括向 LP 提供财务报告、审计及税收协调、业绩收益计算、出资请求及分配、国际基金服务、合伙会计、合伙人沟通、人力资源及福利咨询和网络信息披露等。国内的私募基金服务业务目前从实务来看，还相对单一。《管理办法（试行）》扩展了对基金服务业务的界定，比如规定附属服务包括监管数据报送、基金绩效分析、人员派遣、高管及员工业务培训等，涉及合规服务、人力和培训等，但与国外的业务实务相比，涉及范围仍相对狭窄。随着私募基金行业对外包服务需求的增长，私募基金服务行业有望在服务的内容上走向多元化、综合化。

Competing

争流：
国内外基金小镇对比研究

本章选取国内外十个典型的基金小镇案例进行全面研究，包括美国硅谷沙丘路基金小镇、美国格林尼治基金小镇、卢森堡基金中心、英国曼彻斯特金融小镇、北京房山基金小镇、杭州玉皇山南基金小镇、成都天府国际基金小镇以及深圳前海深港基金小镇等，一方面分析各小镇的发展情况及各自特点，另一方面希望其实践经验能够为南湖基金小镇的建设和发展提供一定的借鉴和参考。

一、国外基金小镇比较

本节在盘点和梳理国外典型基金小镇案例的基础上，按照功能定位、运营模式、发展现状以及自身发展优势四个维度将其划分为三种类型：第一类是以美国格林尼治为代表的依托于财富管理的对冲基金小镇；第二类是以美国硅谷沙丘路为代表的依托于科技发展的股权投资基金小镇；第三类是以卢森堡、曼彻斯特为代表的依托于产业转型的特色产业金融小镇。

（一）美国格林尼治基金小镇

19 世纪之前，格林尼治小镇主要发展农业，20 世纪初逐渐向金融服务业转变，尤其是在"9·11"事件之后，纽约曼哈顿的大量金融高端人士到格林尼治定居。起初小镇只是纽约金融从业者逃避城市生活、放松休闲之地。相比于嘈杂的曼哈顿、华尔街，这个小镇极大地满足了基金经理人避开公众视线、安静蛰伏的需求。20 世纪 60 年代末，投资界传奇人物巴顿·比格斯在格林尼治小镇创立了第一家对冲基金。90 年代，对冲基金开始在格林尼治周边不断涌现，大量金融机构的总部基地迁移到格林尼治，最多时数量可达 4000 家。得益于政府长远的眼光，通过税收政策、环保、市政与大批经纪人、对冲基金配套人员等高素质人才"强强联姻"，格林尼治基金小镇金融集聚效应快速形成，逐渐聚集形成了"对冲基金圈"，对当地产业结构的调整和社会经济的协调发展发挥了重要作用。

因此，格林尼治的功能定位是全球著名的对冲基金之都，是全球对冲基金的重要聚集地之一。

1. 格林尼治基金小镇发展现状分析

美国格林尼治小镇被誉为全球对冲基金"大本营"，是理财金融小镇的典型代表，专业化的财富管理服务成就了其在全球的知名度和美誉度。小镇所属的康涅狄格州，对冲基金数量占到美国对冲基金总数量的 8%，管理的资产规模占美国资产总规模的 11%，是仅次于伦敦和纽约的世界第三大基金管理中心。在美国排名前 200 名的对冲基金中，有 18 家在康涅狄格州，在这 18 家中又有 10 家在格林尼治小镇，且这 10 家公司的资产管理总规模约达 1700 亿美元。

如今，格林尼治已经聚集了 500 多家基金管理机构，全球 350 多只管理着 10 亿美元以上资产的对冲基金中有近半数公司把总部设在这里。基金所管理的资产已达 3500 亿美元，其中包括规模为 1720 亿美元的 AQR 资本管理公司（AQR Capital Management）、230 亿美元的孤松资本（Lone Pine Capital）、超过 100 亿美元的都铎投资（Tudor Investment）以及维京全球投资者公司（Viking Global Investors）等全球前十大对冲基金。

格林尼治是一个只有 7.2 万人的小镇，人口数量仅为纽约的 1/100，但在这里的美国排名前 200 的对冲基金公司总部数量却是纽约的 1/10，资产管理规模为纽约的 1/9。仅桥水基金（Bridge Water）一家公司就掌管着 1500 亿美元的基金规模。也就是说，格林尼治对冲基金的机构数量和资产管理规模均远高于全球金融中心纽约，这也是格林尼治以对冲基金"大本营"在全球金融市场闻名的原因。

2. 格林尼治基金小镇运营模式分析

格林尼治基金小镇成功实现了基金管理机构的集聚和金融配套产业的契合发展及良性互动。基金管理机构高度集聚强化了小镇的集聚效应，金融配套产业促使小镇"对冲基金圈"日趋成熟。

（1）**基金管理机构高度集聚**。在对冲基金进驻格林尼治的数十年间，格林尼治已形成了良好的金融产业集聚效应，且集聚趋势不断加强。对冲基金管理机构的高度集聚，一方面大幅降低了入驻基金公司的运营成本，提升了基金公司的市场竞争力；另一方面也使金融创新的学习扩散效应和规模效应得到了较大程度的发挥，反过来又吸引了新的基金公司入驻，进而使金融创新的经济效益和社会效益更趋显著，继续强化集聚效应。

（2）**金融配套产业完善**。格林尼治基金小镇重点引进对冲基金，并围绕对冲基金核心业态打造完备的基金生态圈和金融产业链，在上下游集聚大量相关配套机构和产业公共服务。对冲基金行政管理人员、技术提供者、大宗经纪商、对冲基金母基金以及其他支持职能，都在格林尼治开设业务，格林尼治的"对冲基金圈"日趋成熟。

3. 格林尼治基金小镇独特优势分析

格林尼治基金小镇能够拥有全球知名对冲基金积聚中心之一的地位，不仅归功于其毗邻全球金融中心纽约市的区位优势（见图 4-1）、便捷的交通条件、优美的自然环境、齐全的配套设施，还有赖于康涅狄格州有利的个人所得税税率、相对宽松的监管环境、低廉的租金以及与日俱增的对冲基金配套工作人员数量等。具体可以概括为以下几个方面：

图 4-1　格林尼治小镇区位图

资料来源：Google Map。

（1）**毗邻纽约市，区域优势明显，交通便利**。从地理位置看，格林尼治基金小镇是美国康涅狄格州费尔菲德县的一个城镇，东临长岛海峡，近邻纽约，处于纽约东北向的康涅狄格州"对冲基金走廊"上，是纽约市的卫星城镇之一，便于享受纽约金融要素溢出效应，实现金融产业集聚。

从交通优势看，格林尼治小镇在纽约"一小时经济圈"内，距离曼哈顿区只有48公里，驾车行驶时间不到1小时，坐火车不到50分钟；距离斯坦福市也只有15分钟。小镇周边有2条高速路，2小时车程内有5个机场、4个火车站。

（2）**距海底光缆近，超高网速保障**。对冲基金的交易对于网速的要求较高，高网速可以提高网络数据的实时性和连续性，进而提高交易处理速度。格林尼治小镇距离海底光缆很近，这在一定程度上为高网速提供了设备技术保障。

（3）**税收优惠，监管宽松，租金低廉**。小镇的发展除了自身的区位优势和生态优势以外，最主要的还是得益于政策优势。格林尼治小镇属于康涅狄格州，康涅狄格州在税收、监管及租金方面的政策优势明显。

一是税收方面，康涅狄格州个人所得税、房产税等的税率远低于纽约。纽约个人所得税税率是8.9%，而康涅狄格州的个人所得税税率只有6.7%。从房产税来看，康涅狄格州的税收是美国所有州中最低的。

二是监管方面，小镇大力鼓励对冲基金业的发展，因此与严格执行对冲基金监管政策的纽约相比，小镇的监管环境更加宽松。

三是租金方面，低廉的租金条件对其成功也起着很重要的作用。小镇的办公用房分为 A 类和 B 类，共 44.6 万平方米。A 类办公用房的平均租金为每月 66.73 美元 / 平方英尺，远低于纽约、曼哈顿等地区。

（4）**自然环境优美，配套设施齐全。** 其一，自然环境绝佳。小镇是置业、上学、度假的好地方，入驻机构和人员在这里可以享受城市之外优美的环境。小镇地处康涅狄格州的黄金海岸，海岸线长达 32 英里，自然风光迷人、环境清新优雅、生态宜居，还有一大批良好的避风港和保护区。

其二，教育、文化和体育等配套设施齐全。教育资源方面，小镇有 11 个小学、3 个中学、1 个高中、6 个私立学校。文化和体育设施方面，小镇有 20 个公园、14 个私人俱乐部，以及包括交响乐团、合唱团、博物馆、艺术馆等在内的众多文化设施。不仅如此，多元的社区文化也是格林尼治的一大亮点。从人口结构上来看，格林尼治人口中涵盖来自不同文化背景的居民，其中包括中国、新加坡和印度等各地精英。在格林尼治，年轻人可与行业内的"最强大脑"进行交流，这可给他们带来成就感。优质的社区服务也是吸引基金管理机构落户的重要因素。在格林尼治小镇，国际品牌和餐饮等社区服务给基金经理人的家人和公司成员提供了安全舒适的生活条件。

（5）**高净值人群集聚，财富洼地辐射效应。** 格林尼治小镇 174 平方公里的占地面积上仅有 7.2 万人（根据 2013 年美国人口普查局统计数据），但高净值人群庞大。小镇不仅是康涅狄格州最富有的小镇之一，同时也是美国最富有的小镇之一，人均年收入在 500 万美元以上。

（二）美国硅谷沙丘路基金小镇

沙丘路（Sand Hill Road）位于美国加州的门洛帕克（Menlo Park），长度为 2~3 公里，是连接斯坦福大学和硅谷的重要路径。其兴起和发展为硅谷注入了源源不断的资金支持，成为高新技术创新和发展的巨大推动力。早期，斯坦福大学的教职人员为创业学生提供资金支持，可被视为沙丘路风险投资的雏形。1972 年，第一家风险投资机构（KPCB）在沙丘路落户。1980 年，苹果公司成功上市，吸引了更多风险资本来到硅谷。如今，沙丘路已成为风险投资的代名词。

因此，美国硅谷沙丘路与格林尼治对冲基金小镇有显著不同，其功能定位是世界重要的科技风险投资产业的集聚地之一。

1. 硅谷沙丘路基金小镇发展现状分析

沙丘路密布着 300 多家风险投资机构，掌管着 2300 亿美元的市场力量，风险投资金额占美国的 1/3。仅在沙丘路 3000 号这一栋建筑中，就容纳了 20 余家私募股权投资机构。

在沙丘路分布的风险投资机构中，最著名的是红杉资本（Sequoia Capital）、KPCB 公司（Kleiner, Perkins, Caufield & Byers）、恩颐投资（New Enterprise Associates, NEA）、梅菲尔德（Mayfield）等。红杉资本是全球迄今为止最大、最成功的风险投资公司之一，拥有超过 40 亿美元的管理资本。它投资的公司占整个纳斯达克上市公司市值的 10%以上，其中包括苹果、谷歌、思科、甲骨文、雅虎、网景和 YouTube 等 IT 巨头和知名公司；KPCB 则成功投资了太阳公司、美国在线、康柏电脑、莲花软件、基因科技、eBay、亚马逊等著名 IT 公司；NEA 更是将经营活动集中在硅谷，管理着大约 60 亿美元的资本，投资了超过 500 家企业，其中 30%上市、30%被收购，投资准确性远远高于同行；Mayfield 是最早的风险投资公司之一，管理的资本超过 10 亿美元，且已向超过 300 家信息和保健公司进行投资，这些公司的总市值超过 1000 亿美元，包括康柏、3COM、SGI 和 SanDisk 等科技公司（见表 4-1）。

表 4-1 沙丘路风险投资机构和主要初创公司

投资机构	主要初创公司
红杉资本	苹果、谷歌、思科、甲骨文、雅虎、网景、YouTube
KPCB 公司	太阳公司、美国在线、康柏电脑、莲花软件、基因科技、eBay、亚马逊
恩颐投资	Drive.ai、Fusion-io、Groupon
梅菲尔德	康柏、3COM、SGI、SanDisk
Accel 合伙公司	RealNetworks、RedBack Networks、Facebook
Doll 资本管理公司	硅谷数模半导体（中国）有限公司、飞塔公司、Mobile Peak
……	……

资料来源：南湖互联网金融学院根据公开信息整理。

2. 硅谷沙丘路基金小镇运营模式分析

基于上述现状分析，可以总结出沙丘路的主要运营模式——通过科技融入金融创新来聚拢资源，以硅谷高新技术产业和高端人才的集聚优势为依托，在繁荣硅谷的同时，实现金融和人才在沙丘路的集聚。硅谷高新技术产业具备高投入、高风险、高收益等特点，需要资金充沛的外部机构来支持，以确保其顺利进行。沙丘路汇聚了众多风险偏好不同、企求高回报的市场主体，资金支持能覆盖科技创新的整个成长周期。二者的结合成功实现了风险投资业和高新技术产业的契合发展和良性互动。风险投资机构的支持推动了高科技公司的成长，促使硅谷成为全球新兴产业的策源地；反过来高科技公司的成长也带动了风险投资机构的繁荣。

3. 硅谷沙丘路基金小镇独特优势分析

硅谷沙丘路基金小镇的建立是一个不断演化发展的过程，区位优势、产业基础、政府引导扶持、市场化运作、完善的配套设施以及人文资源等在这一演化过程中发挥了重要作用。

（1）便捷的区位条件。

1）地理位置优越。沙丘路地处旧金山市东南部，背靠太平洋海岸山脉，面对圣弗朗西斯科（旧金山）湾，环境优美，与硅谷也仅相距 17 英里左右，车程仅需大约 20 分钟（见图 4-2），这为风险投资机构与硅谷企业合作提供了绝佳机会，风险投资机构和初创公司的沟通更加方便、快捷，从而更加有效地提高了风险投资的运作效率。

图 4-2 沙丘路基金小镇区位图

资料来源：Google Map。

2）交通发达。沙丘路连接美国的州际公路 I-280 和阿尔卡米诺路（El Camino Road），邻近旧金山的航空港，并有高速公路经过。

（2）**一定的产业基础**。硅谷地区拥有电子工业公司数量达 10000 家以上，它们所生产的半导体集成电路和电子计算机分别约占全美的 1/3 和 1/6。择址硅谷的计算机公司就有 1500 多家。这些大中小企业为风险投资企业发展提供了坚实的产业基础和市场依托，集技术、投资、生产于一体。

（3）**恰当的政策和法律体系**。政府在沙丘路基金小镇发展过程中的作用主要体现在营造一个公平竞争的法律环境和市场环境上。

第二次世界大战之后，美国建立了完善的社会保险制度和信用制度，信用成为美国社会的基础，加之美国工业化时间长，商业发达，与商业有关的法律健全，也有利于保护风险投资。完善的法律体系包括三个方面：一是以 20 世纪 30 年代出台的《证券法》、《证券交易法》以及随后相继出台的《公共事业持股公司法》、《信托契约法》、《投资公司法》和《证券投资者的保护法》为代表的联邦政府法律法规。二是加利福尼亚州政府出台的法律法规，在一定范围内仍旧发挥着重要作用。三是各证券交易所、全美证券交易商协会（NASD）以及市场自律组织（SRO）制定的相应管理规章。

此外，政府因势利导，通过制定恰当的税收政策、吸引人才和鼓励人才合理流动的政策，创造公平竞争的市场环境，从而推进沙丘路风险投资有序增长。

（4）**市场化的运作模式**。在硅谷沙丘路基金小镇发展的早期，政府投资占据主导地位，随着市场经济的发展和硅谷地区的成熟，在资本逐利驱动下，大量的投资基金自发地为硅谷众多企业提供源源不断的资金支持，使硅谷的高科技企业得以迅速发展。同时，这些风险基金也为风险投资企业带来了巨大财富，进一步促进了风险投资市场的发展和成熟，形成良好的创业生态系统。

（5）**完善的生活配套设施**。在多年的发展过程中，硅谷沙丘路基金小镇为投资公司打造了完善的支持系统。办公层面上，建设有高端的办公和会议场所、安全快速的网络设施以及体面的停车场和游艇泊位等。生活层面上，有高端舒适的住宅楼群，比如 Stanford West 公寓、Oak Creek 公寓等；有休闲度假场所，比如 Siebel Varsity 高尔夫俱乐部、Timothy Hopkins Creekside 公园；有顶级学校，比如 Addison 小学、David Starr Jordan 初中、Palo Alto 高中、全球最杰出大学之一的 Stanford 大学；有医疗服务机构以及便利的购物场所；还有会所、酒店、健身运动等全方位的生活配套设施。员工可在这里享受方便、舒适的生活。

（6）**丰富的人文资源**。其一，硅谷文化鼓励创新，宽容失败，崇尚竞争。这种浓厚的创业文化氛围激发了风险投资经理人大胆尝试、勇于探索、独具特色的投资创新热情，他们热衷于帮助创业者将一个想法概念或一项技术转化成市场所需的产品，并实现自身财富的积累。其二，有赖于成熟的风险投资机制，不仅为高科技企业提供资金支持，还帮助企业进行流动资金的融资运作，向企业推荐人才，帮助组织和改造企业的管理团队和治理结构，为企业的经营进行咨询服务和指导，这些可能比资金支持更有价值。

（三）卢森堡基金中心

1. 卢森堡基金中心发展现状分析

卢森堡作为世界金融中心之一，其基金业享誉盛名，是仅次于美国的世界第二、欧洲最大的基金管理中心。截至 2015 年 4 月，卢森堡基金中心共管理基金近 4000 只，总管理规模接近 3.5 万亿欧元，吸引了世界上 65% 的跨国基金、近百家法定基金发起人和 2000 多家管理机构聚集于此。全球前 50 名跨国基金集团中有 80% 利用卢森堡基金中心这个平台来开展业务，形成了独具特色的基金服务业。

2. 卢森堡基金中心运营模式分析

投资基金与银行金融业的深度结合。20 世纪 60 年代开始，卢森堡效仿瑞士实行严密的银行保密制度，吸引了大量的金融机构，来自 20 多个国家的 150 多家银行在当地设置了自己的机构。充沛的资金流使卢森堡成为了欧洲仅次于伦敦和巴黎的第三大金融中心。同时，卢森堡还是一些重要国际金融机构的所在地，包括国际清算银行的总部、欧洲投资银行总部和欧洲货币基金组织。银行业的崛起为投资基金业务的开展提供了多角度的参与方式：一是通过信贷投放、设计理财产品或私人银行业务参与基金投资；二是采取集团化模式投贷联动等多种方式参与到基金当中；三是设立境外子公司直接发起基金；四是为需要项目投资管理经验的基金提供项目规划和咨询顾问等金融服务。基金业作为一种新型金融产业逐渐在卢森堡得到重视并发展起来。

3. 卢森堡基金中心独特优势分析

得益于稳定的政治环境、灵活的监管和税收环境、优良的投资者保护传统以及多语言的文化特征等优势，卢森堡能够充分满足投资者需求，也逐渐成为资产管理人开展基金业务的首选之地。

（1）社会和政治稳定。卢森堡与德国、比利时和法国接壤，处于欧盟地理上的中心位置，国际政治环境相对安全和稳定。历届政府在制定公共政策时，秉承一贯性原则，同时也会适应时代变化，使其具有可预见性和延续性，提升政策的公信力。此外，为避免国内社会矛盾，政府、市场立法者和私营部门会就国家政策的制定和法律制度的实施定期展开磋商。

（2）**税收优势**。一方面，卢森堡不对在其境内注册的投资基金的红利及资本利得进行征税，投资基金通常在公司所得税、市政税和股息代扣上获得免税优惠。另一方面，卢森堡还与世界各主要经济体签署了多项避免双重征税的协定，目前签署的国家有美国、加拿大、巴西、欧洲国家、南非、阿联酋、俄罗斯以及亚洲众多国家，尽可能帮助投资者减少或避免税务成本。

（3）**弹性监管**。卢森堡实行弹性监管，在当地注册的基金可通过"欧盟护照"条例在欧盟 28 国和全球各地销售。另外，卢森堡监管当局为使本国基金业持续保持竞争力，在办事效率和反馈速度方面十分高效。每次欧盟有新的法律条款出台，卢森堡都是第一批将相应法律法规纳入本国监管体系并严格实施的国家。

（4）**投资者保护传统**。卢森堡成为基金管理中心的重要原因之一就在于其一贯坚守保护投资者的核心原则和对投资者保护制度的认可。自 2011 年 7 月开始，卢森堡要求在该市场注册的所有可转让证券集合投资计划（Undertakings for Collective Investment in Transferable Securities，UCITS）的基金经理和供应商需提供一份描述性的双面 A4 文件，该文件被称为主要投资者信息文件（Key Investor Information Document，KIID），包括所有子基金及股票类别。这么做的目的是取代以往的基金招股章程，将基金的投资策略、收费情况、过去和预期的财务表现以及特定投资工具的相关风险和回报以最简单的方式来呈现，帮助潜在的投资者免去从复杂的财务数据和难懂的营销术语中鉴别信息的过程。此要求提升了投资者对卢森堡投资基金市场的信任度。

（5）**多元社会文化。**早在 2012 年，中国外交部统计的数据就显示，卢森堡 52.48 万总人口中有 43%的人口为外籍人士，德语、法语、英语、意大利语、西班牙语、葡萄牙语都是通用语言。多语言消除了资本自由流动的阻碍，多元文化的交汇赋予卢森堡海纳百川的精神，也因此孕育了卢森堡繁荣的金融景象。每个工作日，来自比利时、法国和德国的十余万人跨越国界涌入卢森堡，构成卢森堡国际化员工的重要组成部分。

（四）英国曼彻斯特金融小镇

1. 曼彻斯特金融小镇发展现状分析

曼彻斯特是英国第二大金融中心，在金融、商业、文化方面极具国际影响力。在最具代表性的国王大街，集聚了 150 多家保险公司的总部或分部，超过 60 家银行在曼彻斯特设立办事处，其中 40 余家是海外银行。英国富时指数前 100 的公司中有超过 80 家都选择在曼彻斯特设立总部，而英国西北部 500 强公司中则有 40%的公司总部进驻曼彻斯特。

2. 曼彻斯特金融小镇运营模式分析

庞大的保险产业与金融结合。曼彻斯特是英国传统的工业重镇，经过半个世纪的产业结构性调整以及经济自由化发展，该市逐渐从工业主导型经济向金融服务型经济转型，成为英国西北地区对外贸易业和海洋船舶运输业的中心。伴随这两个行业的发展，为其提供保险支持的保险基金业也逐渐集聚、发展起来，形成了特色产业金融聚集地。因此，曼彻斯特金融小镇因顺应了当地保险产业发展的金融需求而驰名于整个英国。

3. 曼彻斯特金融小镇独特优势分析

（1）**良好的经济基础**。曼彻斯特是英国长期经济计划"北方动力"（Northern Powerhouse）的关键组成部分。作为北方的经济引擎，曼彻斯特是英国主要的工业中心和商品集散中心，也是吸引投资者到其他北方城市的中心。曼彻斯特是英国第二大城市，从城市能级来看，曼彻斯特是除伦敦以外，英国最大、增长最快的城市经济体，总附加值（Gross Value Added，GVA）超过 560 亿英镑，占英国西北地区经济总量的 52%。其 2015 年 GDP 总值约为280 亿英镑，商业投资达到 82 亿英镑，经济增长明显高于除伦敦以外的英国其他区域。

（2）**较低的生活成本**。曼彻斯特生活成本相对较低，更有利于金融机构和金融人才的集聚。一是房价低廉。相比于英国最大的金融中心伦敦而言，曼彻斯特的房价仅是前者的 1/3。二是交通网络发达，通勤成本相对较低。曼彻斯特位居英国地理位置的中心，空路、水路和公路都非常发达，是全世界客运铁路的发源地，是英国铁路网上的枢纽，连接着英国所有的主要城市。乘坐火车去伦敦和伯明翰分别只需两个小时和一个半小时，去苏格兰首府爱丁堡也只需三个半小时。曼彻斯特国际机场是英国的主要机场之一，每天通往本土其他城市和欧洲大陆的航班多达上百次。未来曼彻斯特还将加大基础设施建设投资，来改善交通情况，缩短城市内出行的交通时间，包括开通南北地区的高铁HS2 以及开通连接城市和机场的 Trans-pennine 线等。这将会创造出更好的经商环境与生活环境，吸引更多的基金投资者。

（五）国外基金小镇成功经验借鉴

从格林尼治、沙丘路、卢森堡、曼彻斯特的发展路径可以看出，基金小镇要实现金融机构的集聚发展，除了需要一定的要素禀赋外，还需要一些创新特色。归结起来主要有以下三点：

1. 在功能定位上，强调因地制宜

基金小镇在发展历程中需要充分考量当地的区位优势、技术创新能力、生态环境等要素。

（1）区位条件是否优越。 区位条件对于基金的规模化以及金融集聚效应能起到很好的作用，是基金小镇得以形成和持续发展的前提条件。大多数小镇虽然在环境、资源、文化积淀等方面具备一定的开发潜力，但由于发展空间狭小，往往面临开发受限的问题，通过与周边一定规模的大城市整合资源、协同发展，可以实现利益共享。因此，小镇需要充分考虑区位条件，与周边大城市保持统筹发展、良性互动。

格林尼治对冲基金小镇的形成和发展，很大程度上就源于其毗邻纽约金融中心的区位优势。格林尼治附近的纽约市，是世界的经济中心，也是世界三大金融中心之一。纽约证券交易所交易的市值达到 15 万亿美元，有超过 2800 家公司在此上市。

沙丘路股权投资基金的繁荣，源于其风险投资与硅谷高科技产业的完美融合。沙丘路所在的旧金山湾区，是美国西部最大的金融中心，也是美国最富裕的地区之一。硅谷的 GDP 占美国总 GDP 的 5%，而人口不到全国的 1%，人均 GDP 位居全美第一。

卢森堡投资基金的繁荣，源于地处欧盟地理中心的优越位置；曼彻斯特的发展则得益于其是英国的第二大金融中心。

（2）技术创新能力是否强大。科技是经济增长的发动机，是提高综合国力的主要驱动力。促进科技成果转化、加速科技成果产业化，已经成为世界各国科技政策的新趋势。资本的参与让科技成果转化为产品的步伐大大加快，从而创造出更多的社会和经济价值。

格林尼治所在的周边区域，技术创新能力非常强。纽约州有 13 个产业集群，主要包括计算机硬件与电子、交通设备、生物医药、金融服务、通信与传媒、金融与保险服务业等。其中，光电子制造业、国防电子制造业、高技术制造业的就业数在全美排名分别为第 1 位、第 2 位和第 3 位。

沙丘路所在的硅谷在高科技方面更是拥有强劲的发展势头，是计算机技术的核心基地，拥有的电子工业公司达 1 万家以上，所生产的半导体集成电路和电子计算机约占全美的 1/3 和 1/6。硅谷也是美国高科技人才的集中地，更是美国信息产业人才的培养基地，集结着 100 万以上来自美国各地和世界各国的科技人员，在硅谷任职的美国科学院院士近千人，获得诺贝尔奖的科学家就达 30 多人。

曼彻斯特是英国西北部地区的创意产业集散地，拥有众多全英国知名的高等教育、文化和媒体制作机构，驱动了当地创意经济的发展。信息产业也是曼彻斯特提升劳动生产率和竞争力的关键部门。

（3）生态环境是否宜居。一般来说，人口膨胀、交通堵塞、环境污染等一系列"大城市病"会促使人们将居所迁移至大城市周边的卫星城镇。国外基金小镇的兴起就是顺应了这种"逆城市化"浪潮。格林尼治、沙丘路、卢森堡良性循环的生态体系、景观适宜的人居环境、和谐的社会文化和人文特色使入驻的机构人员能够贴近山水、亲近生态。

2. 在政府职能上，强调引导和服务

政府结合城市长期发展和产业转型升级而实施的区域金融战略对金融集聚和基金小镇发展的影响不可忽视。具体包括以下三个方面：第一，重视交通、通信、排污等公共基础设施的投资和完善。国外小镇公共管理机构会设立公共设施的等级配合制度，保证公共服务在发展和运营中得到相应的支持。第二，指导土地开发，参与区域规划设计。当地政府会颁发建筑许可，聘请专业城市设计师，指导土地规划和发展。第三，调节相关法律纠纷，创造良好的居住环境和投资环境。为引导合理招商引资，维持公平的市场秩序，防止城镇之间恶性竞争，政府会出台一系列协调措施，促进各个城镇实现利益共享和信息互通有无。

3. 在运作模式上，强调市场化方式

在国外基金小镇集聚的成功案例中，市场都扮演了重要角色。市场化运作模式一方面可以有效弥补政府的效率不足，实现政府和企业的有效对接，从而使政府能够直接得到来自企业的反馈和建议，提升政府的服务能力；另一方面可以促进金融市场资源的市场化配置与高效分工，自发实现特色金融集聚和金融生态产业的不断完善，从而促进本区域经济的发展和金融生态环境的建设。

将本章所选取的国外基金小镇案例进行总结、对比，结果如表 4-2 所示。

表 4-2　国外基金小镇案例研究总结

小镇名称	功能定位	发展现状	运营模式	自身优势
美国格林尼治基金小镇	对冲基金小镇	对冲基金的"大本营",世界三大基金管理中心之一	①基金管理机构高度集聚 ②金融配套产业完善	①地理上临近金融中心纽约 ②税收优惠 ③距海底光缆近,网速快 ④自然环境优美 ⑤高净值人群规模大
美国硅谷沙丘路基金小镇	私募股权投资基金小镇	美国西海岸的"华尔街",私募股权投资基金的集聚地	风险投资与高科技产业深度结合	①与硅谷邻近 ②雄厚的产业基础 ③恰当的政策和完备的法律体系 ④市场化的运作模式 ⑤完善的生活配套设施 ⑥丰富的人文资源
卢森堡基金中心	投资基金中心	仅次于美国的世界第二、欧洲最大的基金管理中心	投资基金与银行业的深度结合	①稳定的政治环境 ②灵活的法律和税收环境 ③优良的投资者保护传统 ④多语言的文化特征,文化包容性强
英国曼彻斯特金融小镇	保险基金小镇	英国第二大金融中心,拥有国际影响力的金融城市	庞大的保险产业与金融相结合	①良好的经济基础 ②较低的生活成本

资料来源:南湖互联网金融学院。

二、国内基金小镇比较

自 2016 年开始,国内基金小镇全面进入发展快车道,多个省份都在积极规划建设基金小镇,寄希望于通过金融资源的导入和集聚,打造先发优势,引导资本投向区域实体经济,以金融创新助力实体经济转型升级。我国各省市基金小镇数量和分布情况如图 4-3、表 4-3 所示。本节择取国内不同省市六个较为有代表性的小镇:北京房山基金小镇、杭州玉皇山南基金小镇、成都天府国际基金小镇、深圳前海深港基金小镇、上海对冲基金园、太湖新城苏州湾金融小镇,以期通过对这六个小镇的分析,了解我国基金小镇的发展概况和共同

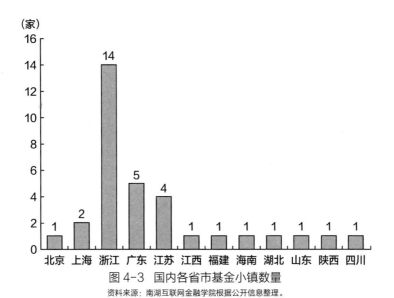

图 4-3　国内各省市基金小镇数量

资料来源：南湖互联网金融学院根据公开信息整理。

表 4-3　国内基金小镇分布情况

省份	小镇名称
北京	北京房山基金小镇
上海	上海金融小镇、上海对冲基金园区
浙江	嘉兴南湖基金小镇、杭州玉皇山基金小镇、运河财富小镇、湘湖金融小镇、华融黄公望金融小镇、义乌丝路金融小镇、鄞州四明金融小镇、梅山海洋金融小镇、宁波慈城基金小镇、南麂岛基金小镇、万国财富小镇、金柯桥基金小镇、白沙泉金融小镇、温岭基金小镇
江苏	凤凰湾基金小镇、苏州基金小镇、太湖新城苏州湾金融小镇、东沙湖基金小镇
广东	前海深港基金小镇、万博基金小镇、广州创投小镇、广州温泉财富小镇、松山湖基金小镇
四川	天府基金小镇
陕西	灞柳基金小镇
湖北	贺胜金融小镇
江西	共青城私募基金创新园区
福建	厦门则金基金小镇
山东	莱西基金小镇
海南	亚太金融小镇

资料来源：南湖互联网金融学院根据公开信息整理。

特点。

（一）北京房山基金小镇

2015 年 5 月 30 日，北京市房山区政府与北京文资泰玺资本就北京基金小镇项目签署战略合作协议，北京市文资办、房山区政府、文资泰玺资本共同打造北京基金产业集聚区——北京房山基金小镇，其鸟瞰图如图 4-4 所示。

图 4-4　北京房山基金小镇鸟瞰图

资料来源：网络。

北京房山基金小镇是房山区政府抓住创新与资本融合发展的时代机遇、落实国家经济新常态下大力发展金融业、承接首都功能区划的重要举措，是我国着力打造新型金融功能创新的示范区之一。北京房山基金小镇依托首都优势资源，形成集聚效应和完整的基金产业链，对促进北京房山区经济转型、助推"高、精、尖"经济发展、发挥金融财富管理功能具有现实意义和战略意义。

1. 北京房山基金小镇产业定位分析

在效仿美国格林尼治基金小镇模式的基础上，北京房山基金小镇依托区位、政策、产业、环境、人文、科技等核心优势，重点引进和培育证券投资基金、私募股权投资基金、对冲基金、创业投资基金、政府引导基金、产业发展基金六大主导产业。其中，政府引导基金主要吸引社会资本共同创立若干专业投资子基金，投向政府着重发展和主导的行业和产业，达到提高投资收益、降低投资风险的目的。同时，北京房山基金小镇还将打造股权交易平台、基金发行服务平台、基金交流平台、基金业研究创新平台以及实体经济金融服务平台，整合基金产业链上下游资源，服务实体经济提质增效，助力基金业科学健康发展。

2. 北京房山基金小镇发展现状分析

经过两年的培育和发展，北京房山基金小镇已逐渐成为国内较有竞争力的基金产业集聚地之一，在京津冀协同发展中的作用也日益凸显。

（1）**空间布局建设**。征迁方面，2016 年 8 月 1 日，北京房山基金小镇北部浅山区土地一级开发项目拆迁工作正式启动。征地拆迁工作涉及东甘池、西甘池、南甘池、北甘池四个行政村，共涉及宅基地 1400 宗和部分非宅基地的拆迁。2016 年底前已初步完成拆迁工作。基地建设方面，北京房山基金小镇总建筑面积为 32 万平方米的一期工程已于 2016 年 3 月竣工并投入使用，包括办公基地、住宅及相关生活配套等。另外，总建筑面积为 2.78 万平方米的北京房山基金小镇国际会议中心已于 2015 年投入使用。

（2）**产业集聚规模**。北京房山基金小镇将整合产业链上下游资源，支持资产管理计划等家庭财富管理产品及其他财富管理产品的良性发展。根据北京房山基金小镇官网数据，截至 2017 年 9 月，小镇已相继吸引了国开城市发展基金、工银资本、中兵建信、中车世纪、北银丰业、招商局资本、柒壹资本、追远财富、兴投鼎沣、中车世纪、北银丰业汇金等 375 家金融公司入驻，管理的资金规模超过 8829 亿元，逐渐成为京津冀财富管理高地。

（3）**服务体系构建。** 北京房山基金小镇从多方面加强配套，努力打造良好的发展环境，初步搭建了较为完备的服务体系。

一是基础设施建设配套。小镇为企业提供符合基金运营需要的基础设施，包括双路供电、网络专线、免费 Wi-Fi 等。

二是教育资源的引进。小镇将逐步引进幼儿园、小学、初级中学等优质教育资源。此外，小镇还将孵化成熟的基金管理人和资产管理公司，并与北京大学、清华大学、中央财经大学、北京师范大学、麻省理工学院、哈佛大学、沃顿商学院等合作成立研究院及基金研究中心和培训中心。

三是基金专业中介服务机构的引进。小镇打造的是线下公共服务平台和线上"互联网+"平台，为前来入驻的企业提供移动互联、云计算、大数据分析及其他互联网服务。比如，小镇引进北京市金融局采用的"冒险指数"——大数据监控预警系统，对入驻企业实施动态跟踪监测，实现风险预警管理。

3. 北京房山基金小镇优势分析

（1）**区位条件。** 北京房山基金小镇位于京津冀协同发展的核心区和京保石发展轴的起点位置，可以依托北京资源优势，打造"一小时经济圈"。同时，小镇所在的区位立体交通路网也较为完善和发达，通过京港澳高速（G4）、京昆高速（G5），从小镇到北京市区仅需 40 分钟车程。小镇距北京西站 50 分钟车程、距北京南站 60 分钟车程、距南苑机场 75 分钟车程，距规划中的首都第二机场 30 分钟车程。

（2）**经济基础。** 北京作为中国的政治、经济中心，私募基金产业发展势头十分强劲。根据基金业协会数据，截至 2017 年 8 月底，北京地区私募基金管理人总数达 3922 家，管理私募基金总数达 11628 只，管理基金规模达 23915 亿元，管理基金规模位居全国第一。基于此，小镇专注于基金相关服务，实现与北京金融街和 CBD 等区域的错位发展，打造金融"微中心"，形成产城融合的新局面。

（3）**扶持政策**。对注册登记并在北京房山基金小镇纳税的入驻机构，房山区政府将根据入驻机构对区域经济贡献程度，对入驻机构及其高级管理人员给予奖励、扶持，包括现金奖励、购房优惠或补贴、租房优惠或补贴等（见表 4-4）。

表 4-4　北京房山基金小镇扶持政策

相关政策	具体内容
入驻机构及其高级管理人员购房补助政策	对符合条件的入驻机构及其高级管理人员购买北京基金小镇内自用办公用房或住房的，最高可得到 100 万元的购房优惠或者补贴
商业活动基金支出	对国际会议和国家级会议给予不超过 100 万元的专项资金支持；对其他会议和商业活动，按照会议类别和商业活动成果给予不超过 50 万元的补贴
人才政策	对区域经济做出突出贡献的企业高级管理人员，可享受奖励、购房优惠或补贴、租房优惠或补贴；对于引进的在国内、国际有影响力的高端人才，对房山区做出突出贡献的，奖励和扶持政策可不受限；对入驻机构的高级管理人员，在办理户籍及子女入托、入学、就医等方面提供优先服务；对机构引进的高级管理人员属于本市紧缺急需的，具有硕士及以上学位或具有本科及以上学历且取得高级专业技术职称的人员，年龄在 45 周岁以下的，由区人力社保局报市人力社保局批准后办理调京手续和本市户口；对入驻机构需在教育部直属院校、其他部委所属院校、中央与地方共建院校及列入"211"工程的地方院校范围内引进紧缺专业学士及以上学位非北京生源应届毕业生的，由区人力社保局报市人力社保局批准后办理留京、调京手续和本市户口

资料来源：《北京市房山区人民政府关于印发促进北京基金小镇建设实施意见的通知》。

（4）**生态环境**。北京房山基金小镇坐落于住房城乡建设部批准的国家级宜居小镇长沟镇，临近国家级的泉水湿地公园，环境优美，绿化覆盖率达

65%，林木覆盖率达 55%。当地还有 1.2 万多个泉眼，一年的水量相当于半个西湖，空气清新湿润。

（5）**基金服务**。一是与产学研机构合作，为入驻机构和整个行业提供丰富权威的投资信息参考。二是与基金业协会合作，共同举办私募基金登记备案系列培训，从入驻机构的切实需求出发解决实际问题。三是为入驻基金机构的注册、发行提供方便快捷的"绿色通道"。四是举办论坛、讲座和沙龙，为入驻机构提供面对面交流咨询的平台，对相关政策答疑释惑。五是引进基金业法庭，在审理各类涉基金案件的同时，设置基金业专家咨询、专业陪审和信息共享等专业化机制，并在规范立案的前提下简化立案手续，建立绿色立案通道，提高办案效率。

（二）杭州玉皇山南基金小镇

2015 年 5 月 17 日，作为浙江省首批特色小镇之一的杭州玉皇山南基金小镇正式揭牌。玉皇山南基金小镇位于杭州市上城区玉皇山南，由 2008 年成立的玉皇山南国际创意金融产业园演化而来，总占地面积 200 多万平方米，总建筑面积超过 25 万平方米。玉皇山南基金小镇以"纽约—波士顿"模式为标杆，是目前国内已形成较为成熟模式的基金小镇之一。小镇运用国际先进理念和运作模式，结合浙江省和杭州市的发展条件和区域特质，定位打造一个集基金、文创和旅游三大功能于一体的特色小镇，小镇鸟瞰图如图 4-5 所示。

杭州玉皇山南基金小镇是浙江"小而美"特色小镇创建之路的重要组成部分，符合经济新常态下经济社会发展规律，且有利于破解经济结构转化和动力转换的现实难题，契合浙江适应和引领经济新常态的重大战略选择。

图 4-5 杭州玉皇山南基金小镇鸟瞰图

资料来源：网络。

1. 杭州玉皇山南基金小镇产业定位分析

杭州玉皇山南基金小镇重点引进和培育私募证券投资基金、私募商品（期货）基金、对冲基金、量化投资基金、私募股权投资基金五大类私募基金，打造私募（对冲）基金生态圈和产业链，主动对接上海国际金融中心，弥补上海等地在服务中小企业方面的不足。

2. 杭州玉皇山南基金小镇发展现状分析

经过多方的努力，杭州玉皇山南基金小镇在改造原有城市遗迹的同时，也加快了各类基金公司的集聚，带动了当地经济的发展。

（1）**空间布局建设方面**。杭州玉皇山南基金小镇分四期进行开发。一期包括八卦田区块，已经先行开发，入驻企业以创业企业、文化创意企业、传媒企业、股权投资基金、对冲基金为主。二期包括白塔片海月水景公园区块，其中主要包括安家塘和甘水巷两层宿舍的改造建筑、樱桃山独栋、合院农居的改造建筑及临湖建筑群。目前的工作重点主要聚焦于白塔岭地块居民房屋收购，已经累计搬迁居民 37 户，腾出房屋 1302 平方米。三期和四期包括三角地仓库区块和白塔片机务段区块，目前正在做地块规划和用地性质的调整。2017 年小镇加快拓展产业发展空间，实现基金小镇放射状、跨区域发展。

（2）**产业集聚规模方面。**根据《玉皇山南基金小镇发展报告》的数据，截至 2016 年 6 月底，杭州玉皇山南基金小镇已吸引敦和资产管理有限公司、中信证券、永安期货、阿里巴巴资本管理、友合蜂巢（杭州）资产管理有限公司、浙江麦泓资本管理有限公司等国内外知名股权投资类、证券期货类、财富管理类机构和文创类企业共 1024 家，总资产管理规模达 4020 亿元，2016 年上半年的纳税额达到 6.49 亿元，是目前杭州市较有影响力的投资基金资产管理中心之一。

（3）**服务体系方面。**杭州玉皇山南基金小镇积极打造生活服务平台、企业发展平台、展示交流平台，形成"产、城、人、文"四位一体有机结合的重要功能平台。一是完善生活服务平台，建设基金小镇国际医疗中心，为小镇企业职工提供基本诊疗服务和国际医保结算；完善国际教育配套，加快推进国际化幼儿园建设；在悦善堂的基础上，完善餐饮配套建设；启动南星地区社区文体中心项目，为小镇企业职工提供文化体育休闲场所；继续推进复兴商务广场地下空间项目，丰富小镇复兴商圈周边停车选择，从多方面加强配套，努力打造一流的发展环境。二是优化企业发展平台，通过搭建基金产业链平台、基金管理人培育平台、融资和主经纪商业务平台，丰富基金小镇产业生态，重点完善金融生态体系，提升基金小镇核心竞争力。三是升级展示交流平台，通过创建"金融＋旅游"的 AAAA 小镇、推进浙江省金融博物馆项目、举办全球对冲基金西湖峰会等，多角度提升小镇内涵。

3. 杭州玉皇山南基金小镇优势分析

杭州玉皇山南基金小镇是通过自身的块状经济、山水资源与历史人文等优势建设和发展起来的。

（1）**区位条件**。杭州玉皇山南基金小镇距离上海市仅 45 分钟高铁路程，在 90 分钟高铁交通圈内，可搭建上海、南京、苏州、宁波及"长三角"南翼的大金融空间；距离杭州市西湖 3 公里、新 CBD 钱江新城 6 公里、萧山国际机场半小时车程。

（2）**经济基础**。根据杭州市统计局数据，2016 年杭州市地区生产总值达 11050.49 亿元，同比增长 9.5%，占全省地区生产总值比重的 24%。杭州上城区作为杭州的中心城区，近年来经济总量也一直稳步增长，2014 年人均 GDP 达到 3.2 万美元，经济密度达 42 亿元 / 平方公里，在全国省会城市的主城区中排名前列。

（3）**扶持机制**。杭州上城区政府专门成立了区私募（对冲）基金小镇领导小组，对基金小镇的政策优惠等进行研究、创新；在现有政策资源的基础上，制定并实施了较为科学的扶持机制，实现省、市、区三个层次扶持政策的叠加。目前，玉皇山南基金小镇在办公用房补助、税收奖励以及高级人才落户奖励等方面予以扶持（见表 4-5）。

（4）**生态环境**。杭州玉皇山南基金小镇建有各具特色的中式办公院落和融入现代元素的历史建筑。此外，小镇用绿化丰富景观层次，森林和水系总量约占小镇面积的 70%。杭州玉皇山南基金小镇的西面是海月水景公园和樱桃山生态公园，生态环境优美。

表 4-5　玉皇山南基金小镇扶持政策

相关政策	具体内容
办公用房补助政策	各类投资基金及管理企业新购建的本部自用办公用房（不包括附属和配套用房），以办公用途部分的建筑面积计算，按每平方米 1000 元的标准，给予一次性补助。租赁办公用房按房屋租金的 30% 给予 3 年的补贴
税收奖励政策	对创投企业采用股权投资方式投资于未上市的中小高新技术企业 2 年以上，可按投资的 70% 在股权持有满 2 年后抵扣创投企业的应纳税所得额。对证券投资基金从证券市场取得的收入，暂不征收企业所得税；对投资人从证券投资基金分配中取得的收入，暂不征收企业所得税；对证券投资基金管理人运用基金买卖股票、债券的差价收入暂不征收企业所得税
高级人才落户奖励政策	对各类投资基金及管理企业的金融人才，经认定，在办理户籍及子女入托、入学、就医等方面提供优先服务

资料来源：《杭州市上城区人民政府金融工作办公室、杭州市上城区财政局关于打造玉皇山南基金小镇的若干政策意见》。

（5）**基金服务**。杭州玉皇山南基金小镇各行政管理部门简化办事程序，缩短办理时限。具体体现在以下方面：一是为入驻机构设立专门通道，提供快捷审批服务，确保 3 个工作日内核发工商执照。二是组建专门团队，接受入驻机构委托，免费为入驻机构办理注册、登记、备案、审批以及年报等事项。

（三）成都天府国际基金小镇

在顺应"大众创业、万众创新"国家战略、全面推进创新改革试验的背景下，成都天府国际基金小镇顺势而生。小镇的宗旨是建立符合创新创业发展的科技金融服务模式，为成都科学城提供资本服务，通过历史、环境、金融与人文、文化、实业的融合，打造具有国际影响力的基金产业聚集区之一。成都天府国际基金小镇地处天府新区新金融产业聚集区，占地 1000 余亩，物业方和运营团队是成都万华投资集团有限公司。

1. 成都天府国际基金小镇产业定位分析

小镇主要业态是风险投资基金、私募股权投资基金、对冲基金、公募基金以及天使投资等基金，同时搭建完善的金融服务创新发展体系，汇集金融创新型金融机构（银行、证券、保险、信托、租赁、保理）为配套。

2. 成都天府国际基金小镇发展现状分析

2016 年 6 月 26 日，成都天府国际基金小镇在成都"全球创新创业交易会"上开镇。经过一年的运营和发展，小镇取得多方面不错的成绩。

（1）**空间布局建设方面**。小镇根据国际著名规划机构阿特金斯制定的发展规划，分为三期工程进行开发，目前正在着手建设的是一期工程。进展如下：一是已完成 14 万平方米有低层独栋、高格调、私密性强的建筑群落，可容纳的机构数量超过 200 家。二是投资服务中心于 2016 年 10 月正式揭牌投入运营。三是路演中心也已完成改造，基金机构办公样板区已全面建成。小镇还将持续投入 9000 万元资金，完成多功能会议中心、投资人俱乐部、配套酒店、美术馆、麓村（艺术家村）、机构办公区一期的装修改造工作，以及创业孵化器、加速器、公寓式酒店等二期项目的空间布局规划建设，以此来全面提升区域配套能力，推动基金投资项目快速落地。

（2）**集聚规模方面**。根据投中研究院数据，截至 2017 年 4 月底，小镇已成功吸引大约 130 家资本管理类机构落户，其中包括赛伯乐、深圳前海金控、IDG 资本、纪源资本、纪升资本、乐道资本、德同资本、中法航空制造基金、中德高科技制造基金、天奇阿米巴、中摩合作基金等 100 家知名机构，注册资本已达 45 亿元，管理的资金规模超过 600 亿元，产业集聚效应初步显现。此外，小镇在英国伦敦金融城金丝雀码头设立英国联络办事处，并与剑桥基金签订了战略合作协议；与芬兰积极展开合作，引进一只 10 亿元规模的游戏 VC

基金。同时，小镇还在接洽国内外其他知名资本力量，其中包括澳大利亚昆士兰投资局、中俄主权基金、高瓴资本（高礼学院）、软银赛富等投资机构。另外，小镇将加快中英、中法、中德、中美、中澳、中俄等"一带一路"重点区域布局建设，形成一批有示范效应的项目落地。预计到 2030 年，小镇全部建成后，将容纳超过 1200 家资本机构，管理社会资金规模超过 10000 亿元，力争成为西南地区乃至全国资本创富的创新创业平台之一。

（3）**服务体系方面。**小镇提供"一站式受理、一站式代办、一站式自助、一站式投诉"的管家式政务服务。同时，小镇还通过与英国国家级孵化器剑桥圣约翰创新中心和科技部产业技术创新战略联盟试点单位中关村产业技术联盟促进会等机构建立全方位战略合作、与国内多家著名智库合作成立金融创新研究院、打造"投资人俱乐部"等不同方式，全力打造基金集聚区。

3. 成都天府国际基金小镇优势分析

成都天府国际基金小镇西邻双流机场，南接天府铁路新客站，区位条件优越，交通便捷。成都被誉为"西部的金融中心"，经济水平在西部地区较高，且小镇位于麓山国际社区，集聚了该城市较为丰富的高净值人群，家庭资产总额超过 3000 亿元，经济基础雄厚。小镇紧邻成都科技城，创新创业企业资源等社会资源丰富。而且小镇建筑形态与入驻人员在工作、休闲和生活方面的需求高度契合，酒店、高尔夫球场、体育公园、餐厅、电影院、健身房、酒吧等高端商务、休闲、生活配套完善。此外，小镇政策方面的优势明显，为入驻机构和人员提供各种税收优惠政策和补贴。

（四）深圳前海深港基金小镇

2016 年 10 月，深圳前海金融控股有限公司与深圳市地铁集团有限公司正式签署战略合作协议，我国自贸区首个基金小镇——深圳前海深港基金小镇应运而生。

深圳前海深港基金小镇地处前海深港核心商务和金融区——桂湾片区，占地面积约 9.5 万平方米，建筑面积达 8.5 万平方米，主要由 28 栋高品质、低密度的企业别墅组建而成。小镇的主要业态是聚焦与前海产业匹配的公募基金、私募基金、风险投资基金、对冲基金、大型资产管理业务，并构建集完善的金融服务机构于一体的深港基金生态圈。

借助前海相关政策的先行先试优势与区位便利优势，结合前海产业基础和深港合作战略定位，依托前海金控公司与深圳地铁集团两地的资源优势，深圳前海深港基金小镇充分发挥前海作为国家"一带一路"倡议支点的作用，通过国内外资产管理机构的集聚发展，积极打造前海财富管理中心，从而推动前海产业发展，进一步提升深圳的核心竞争力，使其成为珠三角地区"湾区经济"发展的核心引擎。

小镇坚持生产、生活、生态"三生融合"的开发理念，构筑低密度、低碳化、高标准、高配置的规划建设，融合"深港元素"、"国际元素"、"创新元素"的招商策略。根据深圳新闻网报道①，截至 2017 年 4 月，已有 21 家财富管理类机构拟入驻小镇，其中有瑞士信贷（香港）有限公司、东亚联丰投资管理有

---

❶ 资料来源：http://www.sznews.com/news/content/2017-04-06/content_15900039.htm.

限公司、建银国际（深圳）有限公司、恒生前海基金管理有限公司、中保投资有限责任公司、中旅金融控股（深圳）有限公司、深圳天图资本管理中心（有限合伙）、深圳市松禾资本管理有限公司等。此外，还有 13 家第三方金融服务机构与之签订战略合作协议。

（五）上海对冲基金园

上海对冲基金园是我国首个专业性、功能型的对冲基金集聚地，作为上海市虹口区崛起的重要举措之一，是上海建设国际金融中心的重要组成部分，于 2013 年 10 月 18 日在虹口北外滩正式开园。

上海对冲基金园的战略定位是：立足上海，辐射全国，面向世界。为有效降低入驻企业的经营成本，营造良好的对冲基金业务经营和生活环境，园区在大力引进和科学运作对冲基金的基础上，着力构建一个由银行、券商、基金公司、金融数据服务商、第三方销售机构等组成的优良的金融生态体系。同时，园区在引导基金、人才补助、财税扶持、用房补贴、医疗保障、交通设施等方面提供"一揽子"市、区两级政府的优惠扶持政策。根据新华网报道[1]，截至 2016 年 10 月，园区已聚集了通联数据股份公司、上海博道投资管理有限公司、上海弘尚资产管理有限公司、上海同安投资管理有限公司、诺亚控股有限公司、上海国富投资管理有限公司、上海北外滩金融研究院、上海对冲基金俱乐部、上海对冲基金培训基地等 300 多家机构，资产管理规模达到 3000 亿元。

---

[1] 资料来源：http://www.sh.xinhuanet.com/2016-10/31/c_135792796.htm.

（六）太湖新城苏州湾金融小镇

太湖新城苏州湾金融小镇由联想控股、绿地金融控股、君联资本、中信集团、邦盛资本、中国航天科技集团航天投资控股、中银国际、启迪金服、国美集团、熔拓资本、南京长江金融、东吴证券12家知名机构共同发起成立，并于2016年10月17日正式落地。小镇主要业态为创业投资引导基金、产业投资基金、科技创新创业基金、区域扶持基金、"拨改投"基金等。

小镇共分为南、北两个区域。目前，北部区域26栋总部楼宇正在建设，先期落户的步步高、德尔等总部大楼已竣工投用；南部区域先期启动了127亩，由苏州市吴江滨湖投资集团开发，在规划建设中注重引进金融产业发展所需要的核心功能以及金融人才集聚所需要的配套功能。

未来，太湖新城苏州湾金融小镇将立足于"人才新高地、产业新引擎"的定位，依托创投企业等相关资源，聚焦基金创投、金融服务外包、金融中介等各种类型的新型金融业态，打造财富与资产管理的集聚区、专业型生态金融社区，使之成为"长三角"创新型创投金融副中心、国家级创业投资示范高地、引领华东乃至全国的国际化金融中心之一。

（七）国内基金小镇的共同特点

通过上述选择的几个较为有代表性的国内基金小镇，可以总结出国内基金小镇目前呈现的以下几个特点：

一是发展机制"活而新"。基金小镇普遍采用相对开放的政府管理体系，政府扮演引导角色，为入驻机构提供硬件环境、政策配套及服务配套，推动基金小镇快速发展；而市场化的运作机制推动了小镇的招商引资。"看得见的手"

和"看不见的手"相互补充，形成政府作用和市场作用的有机统一。

二是小镇功能复合性。基金小镇强调宜居、宜业、宜游同步推进。小镇的功能不仅是注册地点、办公地点，更是生活、生产、生态相互协调发展的综合体。

三是产业集群内生性①。基金小镇将私募基金和高端金融人才等金融要素集聚到某一区域，在产业集群的带动下，带动当地资本、人才储备、技术的扩容，进一步推动当地工业化、现代化、信息化和新型城镇化的发展进程。

现将几个国内基金小镇的研究结果进行总结，如表 4-6 所示。

表 4-6 国内基金小镇案例研究总结

	产业定位	建设规模	规划建设特点	开发模式
北京房山基金小镇	引进和培育证券投资基金、私募股权投资基金、对冲基金、创业投资基金、政府引导基金、产业发展基金六大主导产业	项目用地约103.77公顷，建设用地82.30公顷，规划建筑面积87.09万平方米	以商务办公、商务服务职能为主，以购物娱乐、居住和其他服务功能为辅，并充分利用项目周边已有的服务设施，统筹考虑商业娱乐和居住的规划布局。规划布局与周边环境相呼应，并围绕"绿色生态"打造高品质的低碳生态产业园	成立园区管委会；采取"政府主导、市场化运作、国际化管理"的模式
杭州玉皇山南基金小镇	小镇重点引进和培育私募证券投资基金、私募商品（期货）基金、对冲基金、量化投资基金、私募股权投资基金五大类私募基金，打造私募（对冲）基金生态圈和产业链	总占地面积约2平方千米，金融机构办公面积30万平方米，其中核心区面积25万平方米	整个基金小镇拟规划分为八卦田公园片区、三角地仓库片区、海月公园片区、机务段片区四大区块。一期已先行开发；二期规划为基金龙头型企业集聚区；三期、四期将引进为基金小镇提供配套金融服务的中介机构、辅助性产业和共生性产业、已经初创及成长性的基金等	采用"政府＋新型运作主体"的机制进行开发，政府为机构入驻基金小镇提供良好的配套；同时委托基金行业代表和领导性机构，组织运作，通过"产业链招商"和"生态圈建设"的模式，推进发展

---

❶ 产业集群内生性是基于内生模式而发展衍生的产业集群，内生型产业集群主要依托国内或地方市场，利用区域内各个要素发展起来。

	产业定位	建设规模	规划建设特点	开发模式
成都天府国际基金小镇	以美国格林尼治基金小镇为标杆	占地 1000 余亩	成都天府国际基金小镇依托麓镇原有成熟物业，根据国际著名规划机构阿特金斯制定的发展规划，分为近、中、远三期工程开发	政府主导、成都基金小镇建设发展有限公司运作
深圳前海深港基金小镇	大资管相关金融机构，以私募基金、公募基金、信托、券商资管为核心，形成基金产业发展的完备基地	项目占地面积9.5 万平方米，建筑面积近 8.5 万平方米	前海深港基金小镇主要由28 栋高品质、低密度的企业别墅组建而成	前海金融在金融资管方面的特长与深圳地铁"轨道＋物业"的建设理念相融合，共同打造依托于香港、深圳两大金融中心的前海深港基金小镇
上海对冲基金园	以向入驻对冲基金提供全面、专业、高效的服务为主要目的，在园区内着力构建一个优良的金融生态体系			政府主导
太湖新城苏州湾金融小镇	效率型国际总部项目、新型服务业孵化项目、科技型商务示范项目	商务园占地 7.3平方千米；金融园中园占地 31公顷，建筑面积 34 万平方米	金融园中园一期为体量550~900 平方米的低密度水岸独栋办公楼；二期为590~6000 平方米的组团办公产品；三期、四期可根据企业需求量身定制写字楼	成立金融服务园区管委会；采取"政府主导、市场化运作、国际化管理"

资料来源：南湖互联网金融学院根据公开信息整理。

专栏 1：探秘风险投资机构 Y-Combinator（YC）

Y-Combinator（YC）是美国著名种子投资人和风险投资机构（这里尊重YC 创始人的观点，不将 YC 界定为孵化器）。YC 在 2005 年由保罗·格雷厄姆（Paul Graham）在硅谷发起成立。YC 本来是编程用语，是生成函数的函数，引申为创造公司的公司。

（一）概况

YC 地处软件创业企业集聚地——硅谷，专注于软件及互联网领域的初创项目，随着新技术的发展，在近年来比较火爆的人工智能、VR 等领域也开始有所布局，2016 年也投资了硬件培育项目。根据其官网显示的信息，截至2017年夏季训练营结束，其投资的创业公司已经达 1464 家。YC 在美国乃至世界创投领域都树立了自己的威望。在 2012 年《福布斯》公布的十大美国创业孵化器与加速器排行中，YC 拔得头筹。YC 较为著名的两个投资是后来市值过百亿美元的云存储服务公司 Dropbox 和共享房屋短租平台 Airbnb。

YC 最为独特的是它的创业项目选拔方式和培训机制。在项目的筛选上，每年夏、冬两次接受申请，申请者不需提供商业计划书，或者路演 PPT，而只是填写表格，然后 YC 合伙人通过面谈筛选。YC 为入选者安排为期 3 个月的短期高强度培训，为每个项目提供 12 万美元种子基金换取 12%的股权，定期邀请专业人士进行讲座和具体问题指导，举办"原型日"，以促进创业团队互相了解，在训练营介绍前，举办"展示日"路演，由创业团队向投资者介绍自己的项目。这些开创性的举措多为后来成立的其他美国同行所效仿。

近年来，YC 在地域以及商业模式上开始突破。YC 正在走向全球化，以2016 年夏季的项目为例，其中有 30%来自于美国之外。YC 在 2016 年共投资了 73 个项目，其中除了"12 万美元投资 =7%股份的种子轮"模式外，还有 6起 A、B、C 轮次的投资。

（二）界定——并非孵化器或加速器

国内的媒体，以及百度百科，将 YC 界定为孵化器。但 YC 创始人格雷厄姆有不同的观点。

在创投领域，关于培育创业企业的机构，有两个常见的概念，孵化器（Incubator）和加速器（Accelerator）。孵化器原指现代养殖业中使用的孵化禽蛋的设备，具有自动化、控温和自动翻蛋等功能。孵化器的概念被引入创投领域，是指为创业之初的公司提供办公场地、设备乃至咨询意见和资金的机构或企业。加速器原为物理学概念，指用人工方法把带电粒子加速到较高能量的装置。加速器被引入创投领域，指在短期内（例如 3 个月）为创业企业提供高强度集训，使其尽快适应市场的机构或企业。

YC 并不为创业者提供办公场所，来自外地的创业团队，在结束 3 个月的训练营后，多返回原地。YC 的物理空间很小，3 个月培训中，YC 并不提供食宿。从这个角度来看，YC 不属于孵化器的概念。YC 创始人格雷厄姆反对"孵化器"的形式，他认为如果创业者置身于孵化器的办公空间内，创新思维会受到束缚。而独立思考能力是创业者取得成功所必不可少的。从 YC 为创业者提供 3 个月的培训以促使其拿出"速成"的产品看，YC 更像一个加速器。但格雷厄姆也不承认"加速器"的概念，他认为 YC 只是一个种子基金，而YC 为创业者提供了较加速器更大的自由空间，例如 YC 的投资仅占股 7%，所以创业团队可以不接受 YC 的建议。YC 在早期作为种子投资人以自有资金对入选的创业项目进行投资，后接受红杉资本等机构的投资，成为风险投资管理人，所以将其界定为拥有独特项目筛选培育机制和投资机制的风险投资机构更为准确。

（三）背景——天时、地利、人和

软件及互联网项目是 YC 所专注的传统领域，所以 YC 的发展及其在美国乃至世界创投领域所树立的声望，与互联网快速发展这一产业背景、其所处的软件产业聚集地——硅谷，以及其合伙人个人在互联网领域丰富的教育和商业背景都是息息相关的。

1. 互联网行业的快速发展——天时

YC 兴起于 21 世纪之初互联网泡沫之后开始的新一波互联网领域的创业浪潮。2003 年纳斯达克指数暴跌，互联网泡沫宣告破灭。但互联网领域的创新和创业并未停滞，2005 年 YC 恰逢其时地成立，泡沫破灭后新的互联网创业浪潮为 YC 提供了源源不断的、大量的优质项目，其中不乏后来非常成功的企业，如 Dropbox 和 Airbnb。

2. 位于软件创业公司和风投集聚地硅谷——地利

2005 年 4 月，YC 在硅谷的组成部分之一——山景城宣布成立，第一届批量投资项目"夏季创业者"开幕。在 2009 年之前，YC 曾在剑桥举办过夏季训练营，从 2009 年开始夏季和冬季训练营均在硅谷举行。

虽然训练营的创业者们来自美国各地，甚至也有的来自于其他国家，但硅谷的创业公司们起到了良好的示范作用。同时，硅谷的沙丘路也是著名的风投集聚地。YC 在早期并不需要外部资金，靠合伙人的自有资金投资入选的创业项目。后来随着规模的扩大，自有资金不足，从 2010 年前后开始吸收外部资金。近水楼台的地理位置，为其获得资金提供了便利，YC 早期的合作者——红杉资本，即为硅谷著名的创投机构。另外，通过训练营结束之前的"展示日"路演，创业团队们展示各自项目，可以方便地吸引来自硅谷的投资者们前来参加并洽谈。

3. 合伙人拥有互联网领域的教育及商业背景——人和

YC 创始人保罗·格雷厄姆（Paul Graham）个人拥有丰富的与互联网相关的教育和商业背景：他获得了哈佛大学计算机系的硕士和博士学位，有过互联网领域创业失败和创业成功的完整经历。

1995 年，格雷厄姆创立了一家为艺术画廊提供软件服务的公司 Artix，但当时几乎没有画廊需要这个艺术品在线销售服务软件，这家公司以失败告终。1995~1996 年，格雷厄姆与同伴再次创业，开发了后来被命名为 Viaweb 的软件并获得天使投资，并在 1998 年以 5000 万美元的价格将 Viaweb 出售给雅虎。这次成功的创业经历除了为格雷厄姆积累了商业经验外，也为其创立 YC 提供了资本积累。7 年后的 2005 年，YC 成立。格雷厄姆设立 YC 的初衷之一即利用个人的商业经验，帮助创业者少走弯路，减少创业失败的风险。

除了创始人格雷厄姆外，YC 创立初期的另一合伙人是其 Viaweb 时的创业伙伴罗伯特·莫里斯（Robert Morris）。后来陆续加入的合伙人也多拥有计算机专业知识及互联网领域的商业经历。YC 合伙人团队的专业积淀及商业经验对于 YC 有如下意义：

一是在项目筛选中，能够从技术上以及商业逻辑上真正看懂项目，提高筛选项目的"准确率"。

二是在项目辅导过程中，能够提供从技术细节到商业战略层面全方位的富有建设性的建议。

三是在行业内建立起广泛的人脉和资源网络，为项目提供更多支持，以及促进项目与资金对接。

由此可以推断出，合伙人团队的行业资历，包括专业积淀及商业经验，使得他们能够投资于自己熟悉的、能够真正理解的领域。YC 的合伙人团队与投资紧密地融合到了一起，对 YC 的发展起到了重要作用。

（四）特色——批量投资

1. 项目辅导——创业团队可以坚持自己的观点

为创业项目提供辅导是种子基金及风险投资基金的共性，但 YC 通过举办训练营形成了自己的特色。每个入选 YC 的创业团队都要搬到硅谷住 3 个月，冬季是 1~3 月，夏季是 6~8 月，在这段时间里，接受创业指导、集中精力编程、进行头脑风暴、拿出原型产品并根据反馈快速迭代、跟用户和投资人见面。另外，YC 不提供办公地点和住处，创业者要靠 YC 提供的启动资金维持包括吃、住、交通、服务器租金等一切花销。同时，创业团队需要根据 YC 的要求完成公司注册等事务。

在 3 个月的培训中，产品速成是一大特色。YC 要求创业者在 3 个月内完成原型产品，而有的创业公司能够在数周，甚至区区几天时间内完成原型产品。YC 鼓励创业者们尽早发布产品，之后再通过与创业导师及客户的互动发现需要改进的部分，逐步进行完善。

在这 3 个月里，创业者们向 YC 合伙人讨教经验，避免出现常规错误，增加成功的可能性。YC 每周从外部请来"智囊"为创业者们做演讲，并与他们共进午餐。YC 的指导非常全面，从产品的技术细节到商业策略，乃至人员聘用、"展示日"路演的演讲技巧等。YC 的合伙人有不同年龄层次，与年轻的创业团队之间有可能有代沟，有时有的合伙人不能很好地理解比较适合年轻人的创意，而创业团队可以选择对项目持支持意见的合伙人进行咨询。需要强调的是，合伙人对这些创业团队的"智囊"支持会在 3 个月的训练营结束后继续。由于 YC 的投资仅占股 7%，创业团队可以不接受 YC 合伙人的建议。

训练营以"展示日"面向投资者的路演收尾。这是创业团队展示自己的项目并获得 YC 之外投资的重要机会。

2. 批量投资——降低投资风险

YC 之所以能够做到批量投资，与其所专注的领域——软件及互联网行业的特点是分不开的。在这个轻资产、高智力投入的行业进行创业，在产品开发阶段所需的投资较小，产品能够在较短时期内开发成形并迅速迭代，试错成本较低。在其他领域的创业投资，未必能够复制这种批量投资的模式。

YC 每年夏、冬两季的训练营能收到上千份的申请，YC 从中筛选数十个创业项目，进行批量投资，并换取创业公司 7%的股份。早期的投资金额在11000~20000 美元，至 2016 年，投资金额增长到 12 万美元。

格雷厄姆认为，大多数创业公司都会失败，这是商业的天性。创投的高风险也是行业的共识。YC 通过这种每年两次的批量投资方式，降低了投资风险，也形成了不同于其他天使投资的特色。随着时间的推移，每一年的投资对象越来越多，风险也相应地减小。随着投资规模的增长，YC 自有资金开始无法满足投资的需求，于是在 2009 年和 2010 年接受了红杉资本的投资。至此，YC 具有了双重身份：天使投资人和风险投资管理人。

3. 每个项目获得 15 万美元的可转换债券——解决资金不足的问题

对于资金不足的问题，从 2011 年冬季开始，每一家创业公司在 YC 的投资之外，还以可转换债券的形式，得到来自于硅谷的两家天使基金共计 15 万美元投资。其中，10 万美元来自 SV Angel Fund，5 万美元来自 Start Fund。可转换债券的优点是：无须对公司估值，如果后续创业公司吸引到投资人，则可以确定公司估值，此券可以转换成股权。但如果没有后续投资，则无法偿还。可转换债券独立于 YC 的投资，创业者可以自行提出接受可转换债券投资的条件。

4. 投资文化——看重创业团队而非创业项目

格雷厄姆被认为是 YC 的精神导师，他能够激发创业者的热情，YC 的投资文化受到了格雷厄姆个人的影响，具体包括以下几点：比较钟情于完全或主要由技术型创业者组成的团队；认为无知者无惧，鼓励年轻的创业者；倾向于 2~4 人的创业团队，不赞同一人创业，因为需要团队分担创业的压力，而超过 4 人的团队可能因为意见难以统一而带来决策困难；看重的不是创业项目，而是创业团队本身。

YC 的成功离不开以下几个重要因素：21 世纪之初的互联网泡沫破灭后，新的一波互联网创业浪潮为 YC 提供了源源不断的优质项目；地处软件创业企业和风投集聚地硅谷，便于 YC 建立并维护行业资源；YC 合伙人在互联网行业的商业背景形成了他们对行业深刻的理解，在项目筛选和培育上扮演"行业专家"角色。批量投资的模式适合互联网领域的创业投资，这种方式有效地降低了投资的风险，但其他领域的创业投资未必能够方便复制。

专栏 2：我国母基金与私募股权投资二级市场

2006 年以来中国私募股权市场进入了快速发展阶段，累积的流动性需求为私募股权二级市场发展奠定了一定基础。母基金作为私募股权投资份额的主要转受让主体，通过二级市场能够有效缓解自身的流动性问题，同时增加私募股权投资二级市场的投资效率。

（一）母基金

母基金又称"基金的基金"（FOF），通过各种渠道将资金集合起来，投资共同基金、对冲基金、风险投资和私募股权投资基金，从而达到间接投资股票、债券或其他证券的目的。母基金是风险投资和私募股权投资基金领域的重要投资方式，世界上第一支 FOF 成立于 20 世纪 70 年代的美国。由 FOF 直接投资的基金，即直投基金，一般又称为子基金。

按投资对象来分，FOF 可分为共同基金的基金（Fund of Mutual Funds）、信托投资基金的基金（Fund of Investment Trust Funds）、对冲基金的基金（Fund of Hedge Funds，FoHF）和私募股权投资基金的基金（Private Equity Fund of Funds，PE FOF）。PE FOF 是为投资私募股权投资基金而设立的基金，通过将募集到的资金投放到不同风格、存续期间以及风险收益组合的私募股权投资基金中实现私募股权投资领域的资产组合多样化。目前在国内，PE FOF 还处于发展初期，主要是作为一种集合式 LP 独立存在，通过选择基金进行一级投资，依赖 GP 退出获取回报。

（二）母基金与私募股权投资二级市场的共生关系

私募股权投资二级市场与 FOF 关系紧密，FOF 是私募股权投资份额的主要转受让主体。

私募股权投资基金的退出方式包括首次公开上市（IPO）、兼并收购、股份回购、新三板挂牌以及清算，以上方式可能需要较长的退出期限，导致私募股权投资基金的流动性较低。私募股权投资二级市场能够增加 FOF 的退出渠道，提前获得现金回流，缩短退出期限，有效缓解 FOF 面临的流动性问题。此外，私募股权投资二级市场能够拓宽 FOF 资金来源，一次性回笼大笔资金。同时，FOF 加入私募股权投资二级市场，可以使整个市场的投资组合更加全面、分散，提高市场交易效率，改善 J 曲线效应。

领航

Leading

第五章　Chapter five

领航：
南湖基金小镇未来展望

一、未来五年发展的指导思想和基本理念

（一）指导思想

南湖基金小镇以中共十八大，中共十八届三中、四中和五中全会精神为指导，按照"四个全面"战略布局，贯彻"创新、协调、绿色、开放、共享"的发展理念，紧紧围绕国家金融战略部署，推动金融供给侧结构性改革。坚持金融服务实体经济的基本导向，围绕实施浙江省委"八八战略"，建设"两富"、"两美"嘉兴和建设"一心二区"为战略目标，立足南湖区实际情况，着力打造"长三角"南翼科技金融创新中心，争创"开放型经济"金融服务先行区和金融安全示范区；优化金融生态环境，打造以私募基金、金融科技为代表的新金融集聚地；大力发展直接融资，推动投贷联动模式创新，拓宽多元化融资渠道，为实体经济转型升级提供金融支持，使科技创新和金融创新融合发展。

（二）基本理念

1. 服务实体

牢固树立金融为实体经济服务的导向，坚持金融产业与实体经济协调发展的原则，确保金融政策与供给侧结构性改革和促转型、调结构、补短板步调一致。确保资金流向符合稳增长、增效益、惠民生的政策取向，严防脱实向虚。构建金融与经济相互促进、协调发展的双赢格局。

2. 特色突出

积极培育南湖区金融品牌特色，创建南湖区科技金融创新中心，完善和提升其服务功能。打造市场主体活跃、组织机构健全、配套功能完善、与区域性金融 CBD 相适应的现代金融产业支撑体系。加强区域辐射力和带动力，接轨上海示范区，有效承接上海金融资源转移。

3. 安全稳健

坚持创新发展与防范风险相结合的原则，围绕"创新、协调、绿色、开放、共享"发展理念，发挥政府引领作用，注重形成促进创新的体制架构，激发金融市场主体合规发展与创新发展的能动性。在审慎框架下积极探索和构建传统与新型金融融合的监管模式，守住不发生系统性区域性金融风险的底线。

4. 争先进位

坚持金融机构数量和质量同步提升的原则，在多点多极拓展金融机构数量、提升体量的基础上，提升金融行业竞争力和金融服务的覆盖面、服务质量。抓好金融机构及金融业态的内涵式创新与"全牌照"发展，提升金融产业附加值。

二、未来五年发展的主要目标

（一）承接上海金融资源转移

2017 年 3 月 29 日，经省政府正式批复同意，嘉兴市设立浙江省全面接轨上海示范区。嘉兴市牢固树立"创新、协调、绿色、开放、共享"的发展理念，紧密围绕省委、省政府关于主动接轨上海，积极参与"长三角"区域合作与交流的战略部署，充分发挥毗邻上海的地域优势，牢牢把握上海打造国际经济、金融、贸易、航运中心和具有全球影响力的科技创新中心的重要机遇，以提高发展质量和效益为中心，全面深化与上海全方位、多层次、宽领域的交流与合作。根据《嘉兴市创建浙江省全面接轨上海示范区实施方案》，嘉兴市将积极打造产业合作大平台，推进省级以上开发区、高新区、服务业集聚区等与上海重点产业平台对接合作，力争实现各县（市、区）与上海产业平台紧密型合作全覆盖。嘉兴市还将建立健全项目制、候鸟制、兼职制、组合式等人才柔性流动机制，增强对上海高层次人才的吸引力。到 2020 年，嘉兴市力争成为上海创新政策率先接轨地、上海高端产业协同发展地、上海科创资源重点辐射地、浙沪一体化交通体系枢纽地、浙沪公共服务融合共享地，为浙江全省全面接轨上海提供示范。

在这个大背景下，南湖区应树立融入上海的强烈竞争意识，做到"接轨发展、借势发展、集聚发展"。强化与上海产业融合联动互补发展，提升全区各平台综合环境，形成具有比较优势的承载能力，积极承接上海现代产业溢出。深度参与"沪杭创新走廊"建设，加强对接上海建设具有国际影响力的科技创新中心，积极吸引在上海的世界 500 强大型跨国企业和行业龙头来南湖设立研发、培训和后台中心等分支机构，推进与上海张江、紫竹等国家级高新技术产业园区合作，争取全球高端产业、高端人才、优势资本、先进技术等高端要素落户。依托金融创新示范区，积极引导风投机构、金融后台、服务外包等落户南湖。加强与上海在制度规则、教卫文体等公共服务、社会管理等方面的无缝对接，努力实现市场规则、政府办事规则、产业配套条件、政府服务效率和人居生活环境等与上海同步。

（二）推进新金融产业发展

优化对私募基金、金融科技企业的政策支持，依托南湖区近高铁并处于"长三角"核心地带的区位优势，发挥市场与政府双向互补作用，打造立体化的招商平台，将南湖区的政策优势、区位优势转化为产业优势。

加大股权投资产业引进力度，大力鼓励各类风险投资机构、私募投资基金等机构和优秀管理团队在南湖区设立或管理科技创业风险投资基金，推动形成适应不同产业和不同成长阶段企业的专业化私募金融产业链。

以嘉兴全面接轨上海为契机，结合南湖区大力发展楼宇经济的工作要求，探索建设金融科技企业集聚区，引进各类优质金融科技企业，做大做强南湖区金融科技产业。鼓励区内金融机构利用云计算、大数据、人工智能等技术手段与互联网企业开展多元化合作，提升金融科技企业为金融机构服务的广度和深度。

到 2020 年，南湖基金小镇力争引进基金管理公司、基金及其相关机构认缴规模 25000 亿元，实缴规模 6000 亿元，累计税收 45.5 亿元，当年税收 9 亿元。汇聚一批国内外有影响力的金融科技企业和机构，使之成为在中国最具影响力的新金融小镇之一。

（三）大力引入持牌金融机构

1. 持牌金融机构创新发展

积极吸引境内外持牌金融机构在南湖区设立各类分支机构，加强对地方法人金融机构的总部招引和服务，包括但不限于民营银行、证券公司、保险公司和消费金融公司等持牌金融机构。

推进银行业加快转变发展方式，创新业务模式；积极引导证券经营机构创新投资，参与资产证券化、新型资管、金融衍生品交易等创新业务，为实体企业投融资提供更多新产品；提升保险业服务产业转型和社会发展的能力，积极运用保险机制，发挥保险资金融通功能，创新民生保障保险服务，推进政策性险种和地方特色险种等保险产品技术创新，努力探索农业保险可持续发展的机制和途径，不断完善农村保障体系；积极引导传统金融机构与互联网元素的融合，加大消费金融机构的创新，丰富业务模式和产品品类。勇当全市范围内银行业、证券业、保险业和消费金融公司等主力持牌金融机构的"创新示范者"。

2. 完善南湖区金融生态圈

加强"南湖基金小镇—投融圈"的线上、线下建设，重点加强项目与资本的聚集。依托嘉兴科技城，挖掘有价值、有潜力的优质项目企业。探索建立合格投资者与私募股权投资基金之间的对接机制，搭建民间资本、私募股权投资、企业间的投融资平台，举办各种投融资洽谈会。积极培育民间资本转化为科技资本、产业资本的地方资本市场，吸引民间资本通过股权、债权方式有序投入实体经济。探索建立私募股权二级市场。加强私募股权投资基金的宣传和知识普及。

(四) 推进科技金融互动融合发展新模式

嘉兴正积极争创国家级科技金融改革创新试验区,南湖区作为嘉兴的中心城区有着得天独厚的区位优势。以实施创新驱动战略、增强经济转型升级核心动力为目标,促进南湖基金小镇的融资渠道、嘉兴科技城的投资项目、研究机构的科技开发这三者紧密配合,建设科技创新与金融创新良性互动、科技资源与金融资源高效对接的机制。

创新科技金融服务产品,建设一批科技金融的专营机构。打造"南湖科技金融"新品牌,借鉴美国硅谷银行的运作模式,按照"成立专营机构、建立专业团队、推出专属产品、制定专门流程、设立专项资金、提供专业服务"的基本准则,打造南湖自己的科技银行,为科技企业提供贷款投资联动和贷款保险联动。推进项目信息服务平台建设,提升服务能力,深化科技金融产品和服务创新。大力发展知识产权、股权、应收账款等质押融资模式,形成契合科技型初创企业、小微企业成长发展的金融产品和融资保障。积极探索投贷联动、银行直投模式。

(五) 健全地方金融监管框架

依托南湖区良好的金融生态环境,推进社会信用体系建设,加强地方金融监管,优化金融秩序,完善金融风险的防控机制,促进经济与金融的良性互动。

1. 深化监管体制机制改革

完善金融风险的防控机制，优化监管流程、规则和方法，强化现场监管。建立线上监管综合信息平台，加快建设、完善"小镇监管服务平台"，使企业资质审核、企业备案管理、风险预警管理、数据分析与统计等八大模块可以应用到实处，提高监管效率。健全信用机制、风险预警、风险评估和风险规避措施，保障南湖区安全稳健发展。努力构建以多部门联动的事后风险处置机制为主要内容的新金融产业地方监管模式，完善金融风险防控体系。

2. 全面加强"信用南湖"建设

建立以政府为主导，商业银行、信保公司、担保公司等共同参与的融资风险防范体系，建立有效的担保授信监管与信息披露制度，防范融资风险。逐步扩大信用记录和信用报告的应用，加强借款企业信用评级，探索小额贷款公司信用评级，完善信息共享机制，完善信用制度建设。

3. 加强对金融活动的合规监管力度

加大对各类以投资理财名义进行非法集资、非法放贷、金融诈骗等金融违法犯罪行为和各类逃废债行为打击力度，取缔未经批准而设立从事金融活动的非法组织，有效维护金融市场秩序。

（六）深化招商服务体制机制

设立技术贸易措施企业服务中心，深化境外投资服务平台建设，积极对接上海外资企业。通过召开或参加招商洽谈会、投资研讨会、产品展销会等形式，利用本地优势引进外资。放宽对外资金融机构的限制，引进国内外知名的金融机构，改善本地区的金融结构。加强入驻南湖基金小镇的基金方对嘉兴及

"长三角"实体经济的支持，以资本优势带动招商服务。保证本土企业与外企享有同等权利，从而有利于市场上的公平合理竞争，促进市场机制的完善。出台相关政府对外招商引资法律性政策和法规，以其法制性来规范管理，依法操作，实现对外来企业管理的法制性。

大力推进基金工商注册流程改革。在严格遵守国家法律法规的前提下，不断完善在线签名系统，不断深化行政审批制度改革，推进"一站式"服务。在承诺合伙企业和管理公司只需 7 个工作日即可完成注册的基础上，积极推出基金变更方面的创新措施，简化变更流程，以高效的工商审批服务吸引国内知名基金及海外股权投资基金。

合理的招商优惠政策。继续支持南湖基金小镇的基金税收的地方财政奖励政策，并研究制定未来可持续的基金招商奖励政策；为落户于嘉兴科技城的科创企业提供落地奖励。

建立适于创业的人才环境。一方面，要注重人才的合理配置，建立合理的人才竞争机制，鼓励人才的流动和竞争；另一方面，要建立和完善人尽其才的保障机制，创造"能者上，庸者下"的用人机制和人才环境。在引进人才方面，着力建设"南湖孵化器"、"南湖加速器"，营造良好的创新创业环境，并积极配合嘉兴市对人才引进政策的支持，满足企业对人才的需求及提供基金方充足的投资项目。大力举办嘉兴学子回归活动，以人才优势带动招商服务。

（七）探索各类金融人才培养新途径

加速推进南湖互联网金融学院建设，加大对学院培训、教育业务的投入和支持力度，为学院就私募股权、金融科技、互联网金融进行基础研究提供便利，探索各类金融人才培养新途径。

1. 大力开展非学历教育培训，保障行业培训需求

积极推进私募股权基金、金融科技人才培训，为南湖基金小镇入驻企业及从业人员提供配套培训服务。高度重视学院人才引进工作，在高端人才引进上给予更大的政策优惠。

2. 积极引进国内外高等教育资源，学历教育取得切实突破

成立专门协调领导小组，全面统筹南湖区高校引进工作。提供全方位的优惠政策，从资金扶持、用地保障、配套服务等多维度吸引优质高等教育资源。以建立分校区，设立研究生院、二级分院、继续教育学院等方式引进国内外知名高校。

三、完善规划实施的保障机制

（一）加强规划实施的组织领导

设立南湖区科技金融创新中心建设工作委员会，统筹规划"一心二区"建设，形成长效工作机制，凝聚政策合力。组建全行业的金融业联合会，促进金融资源整合及职能协同。建立和完善金融统计框架体系，做好信息披露、投资者教育、监督自律等各项基础工作。

（二）加大政策扶持力度

进一步完善金融发展支持政策体系，优化促进金融业发展的专项政策措施及指导意见，发挥好嘉兴市级金融业发展专项资金在金融机构聚集、金融总部落地、金融创新等方面的重要作用，引导专项资金扶持政策向稀缺金融牌照、

创新试点及前端孵化倾斜。进一步加大普惠金融、绿色金融支持力度，积极发挥财政资金引导作用，加快完善政府投资引导基金激励约束机制，有效引导社会资本参与南湖区经济社会发展。

（三）建立完善规划评估机制

规划实施评估是计划管理工作的重要组成部分，要根据评估结果制定、修改、实施经济社会发展目标和政策，合理分配公共资源。

（四）强化金融产业发展的人才支撑

对接"浙江人才计划"，推进"创业南湖·精英引领"计划，引育"国千"、"省千"专家以及市级领军人才，着力引进一批海内外高素质、高层次金融人才及人力资源服务机构。完善人才服务体系，优化人才政策环境，对符合条件的金融人才给予出入境与居留、租（购）房补贴、户籍、子女教育等政策支持。支持本地法人金融机构完善管理制度，优化激励约束机制，大力引进优秀人才。支持南湖互联网金融学院深入开展前瞻性研究和政策性研究，为南湖区科技金融创新中心建设提供信息支持和决策支持。

附录一 Appendix one

南湖基金小镇大事记

2010 年 12 月

12 月，嘉兴市南湖区成功申报为浙江省首批 7 个省级金融创新示范区之一。

2011 年 5 月

5 月 8 日，"2011 年中国股权投资基金南湖论坛"在嘉兴市成功举行，会议明确了南湖区打造以 VC/PE 为主的股权投资战略高地。

2011 年 9 月

9 月 9 日，"嘉兴市金融创新高峰论坛"在嘉兴市成功举行。会后，浙江省工商局出台扶持南湖区省级金融创新示范区八项政策，并把南湖区作为省工商局推进省级金融创新示范区的试点。

2011 年 11 月

11 月 3 日，嘉兴市南湖区人民政府办公室印发 93 号文《关于促进南湖区股权投资产业发展的若干意见》，明确投资类企业落户南湖区的相关政策支持。

2012 年 7 月

7 月 5 日，嘉兴市南湖金融区建设开发有限公司成立，负责南湖金融区的基金招商、商业招商、教育招商、开发、建设与长期运营。

2012 年 12 月

12 月 5 日，"2012 年首届南湖私募投资国际峰会"在嘉兴市成功举行。浙江省副省长朱从玖、清华大学五道口金融学院教授谢平、中国证监会研究中心主任祁斌、国家发改委财政金融司副司长李聚合等出席本次峰会并发表了主题演讲。

截至 2012 年底，南湖基金小镇共引进投资类企业 100 余家，认缴资金 100 余亿元。信业、海纳有容、九鼎等大型基金入驻南湖基金小镇。

2013 年 3 月

3 月 15 日，"嘉兴南湖金融创新示范区·上海首届基金招商推介会"在上海成功举办。

2013 年 5 月

5 月 23 日，"嘉兴南湖金融创新示范区·北京首届基金招商推介会"在北京成功举办。

5 月，南湖区政府对 2012 年在南湖区金融办备案或者在省发改局备案的管理公司和合伙企业全部兑现了发展奖励政策。

2013 年 8 月

8 月，南湖基金小镇被嘉兴市归国华侨联合会及嘉兴市留学人员和家属联谊会授予"嘉兴市留学人员回国实践基地"的称号。

8月29日，"嘉兴南湖金融创新示范区·北京地产基金招商推介会"在北京成功举办。

2013年10月

10月29日，"嘉兴南湖金融创新示范区·上海地产基金招商推介会"在上海成功举办。

2013年12月

12月19日，"嘉兴南湖金融创新示范区·深圳基金招商推介会"在深圳成功举办。

截至2013年12月底，南湖基金小镇税收效益达3900万元。

2014年2月

2月27日，"嘉兴南湖金融创新示范区·北京第三届基金招商推介会"在北京成功举办。

2014年3月

3月7日，基金业协会副书记胡家夫一行来南湖区调研南湖基金小镇建设进展情况，省证监局、省证券业协会、省股权业协会的相关领导陪同调研。胡家夫副书记对南湖基金小镇所取得的成绩给予了高度肯定。

2014年4月

4月29日，"嘉兴南湖金融创新示范区·杭州基金招商推介会"在杭州成功举办。

2014年5月

5月5日，南湖基金小镇被嘉兴市政府授予"第三批市级现代服务业集聚区"称号。

5月29日，南湖基金小镇项目被浙江金融创新风云榜组委会授予"2014浙江十大金融创新工程"称号。

5月，南湖区政府对2013年在南湖区金融办备案或者在省发改局备案的管理公司和合伙企业全部兑现了发展奖励政策。

2014 年 7 月

7月4日，南湖基金小镇在浙江省嘉兴市南湖区正式奠基铲土动工，这标志着中国首个基金小镇正式步入实体建设阶段。同日，"2014南湖私募投资国际峰会"成功召开，浙江省副省长朱从玖、清华大学五道口金融学院教授谢平、中国证券投资基金业协会会长孙杰等权威人士出席峰会活动并发表主旨演讲。

2014 年 8 月

截至2014年8月底，南湖基金小镇税收效益累计突破亿元大关，实现1.037亿元。

2014 年 9 月

9月9日，南湖基金小镇一期启动区土地正式摘牌。

9月11日，"嘉兴南湖金融创新示范区·成都基金招商推介会"在成都成功举办。

截至2014年9月底，南湖基金小镇基金招商认缴资金首次突破600亿元大关。

2014 年 10 月

10 月 26 日，南湖基金小镇被全国人居经典方案竞赛组委会授予"2014 年全国人居经典规划金奖"。

10 月 29 日，中共嘉兴市委书记鲁俊一行对正在规划建设中的南湖基金小镇进行实地调研。

2014 年 12 月

12 月 24 日，中共嘉兴市委常委、组织部长连小敏一行赴南湖基金小镇调研。

截至 2014 年 12 月底，南湖基金小镇税收效益达 1.5 亿元。

2015 年 2 月

截至 2015 年 2 月底，南湖基金小镇引进投资类企业认缴资金冲刺 900 亿元大关。

2015 年 4 月

4 月 23 日，"嘉兴市领军人才暨百家民企对接现代金融洽谈会"在嘉兴市南湖畔成功举行，百家民企领军人才聚集于此，实现投融资企业面对面无缝对接。

2015 年 5 月

5 月初，南湖基金小镇引进投资类企业认缴资金突破 1000 亿元大关。

5 月 7 日，南湖基金小镇着力打造的投融资信息交流平台——"基金小镇—投融圈"正式上线。

5 月 25 日，浙江省副省长朱从玖一行来南湖基金小镇调研，充分肯定了南湖基金小镇的前期建设工作。

5月29日，浙江省国家税务局党组书记、局长周广仁一行赴南湖区基金小镇进行调研。

2015年6月

6月26日，浙江证监局在南湖基金小镇首次召开"辖区私募基金监管工作会议"，浙江省政府副省长朱从玖、中国基金业协会副书记胡家夫出席会议并作重要讲话。

6月，南湖基金小镇入选浙江省首批"省级特色小镇"。

2015年9月

9月25日，以"互联网金融的监管与发展"为主题的"2015南湖互联网金融峰会"在嘉兴市南湖区成功举办。全国人大财经委副主任委员吴晓灵、浙江省人民政府副省长朱从玖、清华大学五道口金融学院教授谢平、中国人民银行条法司副司长刘向民以及中共嘉兴市委副书记、市长林建东等权威人士出席了峰会并发表了主旨演讲。峰会上，南湖互联网金融学院（NIFI）正式对外宣布成立。

2015年11月

11月27日，南湖基金小镇亲水花园式办公区域办公楼建设正式启动。

2015年12月

12月1日，南湖基金小镇长水路与南江路景观绿化基本完成。

12月4日，南湖互联网金融学院与《博鳌观察》（博鳌亚洲论坛的官方杂志）达成战略合作协议。

12 月 11 日，南湖互联网金融学院组建了专家指导委员会。专家指导委员会的职责是为学院研究工作提供指导意见，由谢平教授、万建华先生、王能教授、陈志武教授、黄益平教授和霍学文先生 6 位国内外一流专家组成，并由谢平教授出任专家指导委员会主任。

12 月 19~20 日，南湖互联网金融学院在南湖区举办"南湖问道"（第一期）研修班。

12 月 22 日，"嘉兴市南湖互联网金融办公招商推介会"在上海成功举办。

截至 2015 年 12 月底，南湖基金小镇引进投资类企业认缴资金规模突破 1500 亿元。

2016 年 1 月

1 月 12 日，南湖互联网金融学院与英凡研究院在京举办"网络借贷：新挑战、新趋势"闭门研讨会。

2016 年 2 月

2 月 24 日，基金业协会秘书长贾红波一行莅临南湖基金小镇调研指导，嘉兴市及南湖区领导陪同调研。

2 月 26 日，在北京市房山区政府和北京金融工作局的支持下，互联网金融安全专家顾问委员会在北京正式成立。南湖互联网金融学院参与组建该委员会，是其秘书处两个组成单位之一。南湖互联网金融学院专家指导委员会主任谢平教授任互联网金融安全专家顾问委员会主任。

2016 年 3 月

3 月 19 日，南湖互联网金融学院与上海市互联网金融行业协会在南湖区联合举办"地方政府对新金融的监管"闭门研讨会。

3 月 22 日，南湖互联网金融学院参与编写的《互联网金融报告 2016》在博鳌亚洲论坛 2016 年年会上正式发布，后由中国经济出版社出版发行。

3 月 26~27 日，南湖互联网金融学院联合北京互联网金融安全示范产业园，在北京举办"南湖问道"（第二期）研修班。

3 月 29 日，南湖互联网金融学院官方网站正式对外发布上线。

2016 年 4 月

4 月 25 日，南湖互联网金融学院成为北京市网贷行业协会成员。

4 月 28 日，南湖互联网金融学院联合零壹财经在北京市网贷行业协会顺利举办"非法集资专项治理"研讨会。

2016 年 5 月

5 月 15 日，嘉兴市南湖区民政局颁发《南湖互联网金融学会准予成立通知书》，南湖互联网金融学会是全国首个研究互联网金融，并经民政系统认可的社会团体。

同日，南湖基金小镇首栋基金亲水花园式办公楼——15 号楼正式开工建设。

5 月 20 日，南湖基金小镇参展第十一届浙江金融博览会。

5 月 22 日，南湖互联网金融学院、万向区块链实验室在南湖区联合主办"区块链技术的发展及应用"闭门研讨会。

5 月 29 日，南湖互联网金融学院和北京互联网金融安全示范产业园在北京房山区联合主办"互联网金融安全（房山）"研讨会。

2016 年 6 月

6 月 3 日，嘉兴科技城与南湖互联网金融学院在嘉兴中科院联合举办"南湖问道"（第三期）研修班。

2016 年 7 月

7 月 13 日，"嘉兴市南湖区环球金融中心北京办公招商推介会"在北京成功举办。

7 月 31 日，南湖基金小镇首栋亲水花园式办公楼封顶。

2016 年 9 月

9 月 10 日，南湖互联网金融学院加入上海市互联网金融行业协会。

9 月 18 日，南湖互联网金融学院与北京小桔科技有限公司（滴滴出行）签署战略合作协议，建立长期合作关系。

9 月 26 日，由南湖互联网金融学院主办的 2016 南湖私募基金闭门研讨会于嘉兴南湖顺利召开。作为 2016 年"星耀南湖"精英峰会的一部分，会议围绕着"私募基金监管与发展"和"私募基金服务实体经济"两大主题展开。

同日，南湖基金小镇"投融资对接会——医疗健康行业专场会议"在嘉兴市成功举办。

截至 2016 年 9 月底，南湖基金小镇已经集聚了 2000 多家投资类企业，认缴资金超 3000 亿元，成为浙江省资本密集度最高的区域之一，同时也积淀了良好的品牌影响力和口碑。

2016 年 10 月

10 月 15 日，作为南湖基金小镇办公配套的一部分，地处嘉兴市南湖区

CBD 核心商圈的环球金融中心投入试运行。

10 月 30 日，南湖基金小镇首栋基金亲水花园式办公楼——15 号楼正式建成。

2016 年 11 月

11 月 3 日，南湖互联网金融学院正式加入浙江互联网金融联盟。

11 月 8 日，校企政合作项目"嘉兴学院互联网金融学院"在"嘉洽会"上成功签约。嘉兴市委书记鲁俊，市委副书记、市长胡海峰等见证了签约仪式。

同日，全国首个合伙企业全程电子化智慧登记平台——在线签名系统在浙江省嘉兴市南湖区行政审批局正式上线，实现了在南湖区行政审批局"申报零纸张、电签零介质、审批零见面、领照零上门、办理零费用"的全新审批模式。

11 月 17 日，坐落于南湖基金小镇一期启动区 15 号楼的"小镇客厅"全面投入使用。

11 月 27 日，南湖基金小镇承办的"欢迎回嘉"之嘉兴学子企业家交流会在芦席汇梧桐树下举行。

2016 年 12 月

12 月 25 日，南湖互联网金融学会在南湖区举办成立大会。西南财经大学中国金融研究中心李建勇教授担任首任会长（兼理事长），北京大学法学院彭冰教授担任首任监事长。

12 月 26 日，南湖新区管理委员会、南洋职业技术学院、南湖互联网金融学会和南湖互联网金融学院，在南洋职业技术学院举办了"政校行企"四方合作签约暨南湖基金小镇商学院成立揭牌仪式。

12月30日，南湖基金小镇一期启动区20栋基金亲水花园式办公楼桩基基本完成。

截至2016年12月底，南湖基金小镇已累计引进投资类企业认缴资金规模突破3500亿元，实缴规模超1300亿元。2016年，小镇共完成税收3.9亿元。

2017 年 2 月

2月17日，南湖互联网金融学院牵头编写的《中国互联网金融安全报告(2016)》由中国金融出版社出版发行。

2017 年 3 月

3月7日，南湖互联网金融学院参与编写的《民间金融监管协调机制创新研究》由中国金融出版社出版发行。

3月20日，南湖互联网金融学院、南湖互联网金融学会及上海市互联网金融行业协会在南湖区联合举办"新技术在金融中的应用"闭门研讨会。

3月24日，南湖互联网金融学院参与编写的《互联网金融报告2017》在博鳌亚洲论坛2017年年会上正式发布，后由中国经济出版社出版发行。

3月28日，南湖基金小镇监管服务平台"资质审核"模块上线。

3月31日，南湖互联网金融学院编写的《金融互联网化：新案例与新趋势》由中信出版社出版发行。

2017 年 4 月

4月21日，南湖区行政审批局推出全程电子化智慧登记平台（有限合伙版）的 2.0 版本。这一版本除实现自然人合伙人的电子签名外，新增法人企业的认证和电子签章，真正实现全类型的有限合伙企业注册设立。

同日，由嘉兴市南湖区人民政府、阿里巴巴协助商家上市办公室联合主办的"阿里巴巴协助商家上市办公室研讨会"之"上市公司与电商企业联创发展新势潮"在南湖基金小镇成功举办。

2017 年 5 月

5 月 20 日，南湖基金小镇规划的首栋对接金融科技、私募基金企业的高端商务办公楼——"环球金融中心"正式开业。

5 月 24 日，南湖互联网金融学院编写的《网络借贷与征信》由中国金融出版社出版发行。

5 月 28 日，由嘉兴市南湖区人民政府主办、南湖互联网金融学院承办的"南湖私募基金"研讨会在北京顺利举行。

2017 年 6 月

6 月 23 日，"南湖基金小镇——金融科技投融资对接会"在南湖基金小镇成功举办。

2017 年 7 月

7 月 12 日，"南湖基金小镇—投融圈"新设内部转让信息对接服务板块正式上线。

7 月 18 日，南湖基金小镇引进知名的留学培训机构——时代焦点，使入驻企业能够在小镇内享受到顶尖的教育资源。

7 月 20 日，南湖互联网金融学院编写的《A 股实业上市公司"出海"互联网金融：2013~2016》由经济管理出版社出版发行。

7月24日，南湖基金小镇推出了线上监管服务平台2.0版本。

7月25日，"南湖基金小镇——医疗健康投融资对接会"在南湖基金小镇成功举办。

2017年8月

8月20日，由嘉兴市南湖区人民政府主办，南湖互联网金融学院、上海金融与法律研究院、上海交通大学互联网金融法治创新研究中心及社交金融研究院共同协办的"全球视角下的中国互联网金融发展与监管"闭门研讨会在南湖区顺利召开。

8月23日，南湖互联网金融学院专家指导委员会主任谢平教授主编的《互联网金融九堂课》由中国计划出版社出版发行。

8月27日，"南湖基金小镇第一届金融科技创业加速器大赛"在南湖基金小镇成功举办。

2017年9月

9月1日，小镇投融圈"内部转让信息对接平台"移动端正式发布。该平台致力于为南湖基金小镇内部会员提供优质转让项目的对接服务，包括基金份额及项目股权。

9月22日，"南湖基金小镇新技术投融资对接会"在南湖基金小镇成功举办。

2017年10月

10月10日，南湖互联网金融学院编写的《Fintech：解码金融与科技的融合》由中国金融出版社出版发行。

10月20日，"南湖基金小镇投融圈首届转让类项目对接交流会"在南湖基金小镇成功举办。

10月27日，"南湖基金小镇金融科技投融资对接会——浙江专场"在南湖基金小镇成功举办。

附录二 Appendix two

基金小镇相关政策汇编

表 1　国家出台的相关政策

文件名称	文号	发文单位	实施时间
《住房城乡建设部、国家发展改革委、财政部关于开展特色小镇培育工作的通知》	建村〔2016〕147 号	住房城乡建设部、国家发展改革委、财政部	2016 年 7 月 25 日
《关于做好 2016 年特色小镇推荐工作的通知》	建村建函〔2016〕71 号	住房城乡建设部	2016 年 8 月 3 日
《关于加快美丽特色小（城）镇建设的指导意见》	发改规划〔2016〕2125 号	国家发展改革委	2016 年 10 月 8 日
《中国农业发展银行关于推进政策性金融支持小城镇建设的通知》	建村〔2016〕220 号	住房城乡建设部	2016 年 10 月 10 日
《关于推进开发性金融支持小城镇建设的通知》	建村〔2017〕27 号	住房城乡建设部、国家开发银行	2017 年 1 月 24 日
《国家发展改革委、国家开发银行关于开发性金融支持特色小（城）镇建设促进脱贫攻坚的意见》	发改规划〔2017〕102 号	国家发展改革委、国家开发银行	2017 年 2 月 8 日
《住房城乡建设部办公厅关于做好第二批全国特色小镇推荐工作的通知》	建办村函〔2017〕357 号	住房城乡建设部	2017 年 5 月 26 日
《住房城乡建设部关于保持和彰显特色小镇特色若干问题的通知》	建村〔2017〕144 号	住房城乡建设部	2017 年 7 月 7 日

表 2　浙江省出台的相关政策

文件名称	文号	发文单位	实施时间
《浙江省人民政府关于加快推进中心镇培育工程的若干意见》	浙委〔2006〕28 号	浙江省人民政府办公厅	2007 年 4 月 10 日
《浙江省人民政府关于加快特色小镇规划建设的指导意见》	浙政发〔2015〕8 号	浙江省人民政府办公厅	2015 年 5 月 4 日
《关于加快推进特色小镇建设规划的指导意见》	发改规划〔2016〕2125 号	浙江省人民政府办公厅	2015 年 5 月 4 日
《浙江省人民政府办公厅关于高质量加快推进特色小镇建设的通知》	浙特镇办〔2015〕8 号	浙江省人民政府办公厅	2015 年 5 月 4 日
《浙江省文化厅关于加快推进特色小镇文化建设的若干意见》	浙文法〔2016〕7 号	浙江省文化厅	2016 年 6 月 7 日

表 3　嘉兴市出台的相关政策

文件名称	文号	发文单位	实施时间
《关于支持嘉兴市南湖区金融创新示范区发展若干意见》	浙工商综〔2011〕30 号	浙江省工商局	2011 年 9 月 10 日
《关于促进南湖区股权投资产业发展的若干意见》	南政办发〔2011〕93 号	嘉兴市南湖区人民政府办公室	2011 年 11 月 3 日
《南湖区人民政府关于加快特色小镇规划建设的实施意见》	南政办发〔2015〕117 号	嘉兴市南湖区人民政府办公室	2015 年 9 月 21 日
《嘉兴市人民政府办公室关于印发 2016 年嘉兴市特色小镇与小城市培育试点镇建设工作要点的通知》	嘉政办发〔2016〕11 号	嘉兴市南湖区人民政府办公室	2017 年 3 月 4 日

表 4　私募基金相关政策

文件名称	文号	发文单位	实施时间
《私募投资基金监督管理暂行办法》	证监会令〔105〕号	中国证监会	2014 年 6 月 30 日
《关于进一步规范私募基金管理人登记若干事项的公告》	中基协发〔2016〕4 号	中国基金业协会	2016 年 2 月 5 日

表 5 互联网金融相关政策

文件名称	文号	发文单位	实施时间
《关于促进互联网金融健康发展的指导意见》	银发〔2015〕221号	中国人民银行等十部门	2015年7月18日
《互联网金融风险专项整治工作实施方案》	国办发〔2016〕21号	国务院办公厅	2016年10月13日

表 6 "双创"相关政策

文件名称	文号	发文单位	实施时间
《浙江省人民政府关于大力推进大众创业万众创新的实施意见》	浙政发〔2015〕37号	浙江省人民政府办公厅	2015年11月30日
《国务院办公厅关于加快众创空间发展服务实体经济转型升级的指导意见》	国办发〔2016〕7号	国务院办公厅	2016年2月14日

附录三　Appendix three

清科中国 2017 年股权投资机构排名

表 1　2017 年中国私募股权投资机构 100 强

排名	机构全称	机构简称
1	鼎晖投资基金管理公司	鼎晖投资
2	昆吾九鼎投资控股股份有限公司	九鼎投资
3	腾讯投资	腾讯投资
4	平安资本责任有限公司	平安资本
5	金石投资有限公司	金石投资
6	海通开元投资有限公司	海通开元
7	中信产业投资基金管理有限公司	中信产业基金
8	高瓴资本管理有限公司	高瓴资本
9	建银国际	建银国际
10	复星资本	复星资本
11	招银国际资本管理（深圳）有限公司	招银国际资本
12	招商局资本投资有限责任公司	招商局资本
13	硅谷天堂资产管理集团股份有限公司	硅谷天堂
14	中国光大控股有限公司	光大控股
15	博裕投资顾问有限公司	博裕资本
16	弘毅投资	弘毅投资
17	景林投资	景林投资

排名	机构全称	机构简称
18	广发信德投资管理有限公司	广发信德
19	中金资本运营有限公司	中金资本
20	阿里资本	阿里资本
21	中科招商投资管理集团股份有限公司	中科招商
22	凯雷投资集团	凯雷投资
23	工银国际控股有限公司	工银国际
24	苏州国发创业投资控股有限公司	国发创投
25	上海云锋投资管理有限公司	云锋基金
26	盛世景资产管理集团股份有限公司	盛世景集团
27	上海东方证券资本投资有限公司	东证资本
28	华盖资本有限责任公司	华盖资本
29	美国华平投资集团	华平投资
30	海富产业投资基金管理有限公司	海富产业基金
31	中信资本控股有限公司	中信资本
32	淡马锡控股（私人）有限公司	淡马锡投资
33	上海挚信投资管理有限公司	挚信资本
34	金浦产业投资基金管理有限公司	金浦产业投资
35	高盛集团有限公司	高盛
36	国开金融有限责任公司	国开金融
37	新天域资本	新天域资本
38	上海诚鼎投资管理有限公司	诚鼎基金
39	华兴资本	华兴资本
40	上海力鼎投资管理有限公司	力鼎资本
41	上海尚颀投资管理合伙企业（有限合伙）	尚颀资本
42	兴证创新资本管理有限公司	兴证资本
43	Kohlberg Kravis，Roberts & Co.	KKR
44	上海联新投资管理有限公司	联新资本
45	凯辉私募股权投资基金	凯辉基金
46	深圳鼎锋明道资产管理有限公司	明道投资

排名	机构全称	机构简称
47	平安财智投资管理有限公司	平安财智
48	珠海华金资本股份有限公司	华金资本
49	招商致远资本投资有限公司	招商致远资本
50	百度投资部	百度投资部
以下排名按机构名称拼音顺序排列（51~100）		
	奥博资本	奥博资本
	北京秉鸿创业投资管理有限公司	秉鸿创投
	北京晨晖创新投资管理有限公司	晨晖资本
	北京华控投资顾问有限公司	华控基金
	北京加华伟业资本管理有限公司	加华伟业资本
	北京久银投资控股股份有限公司	久银控股
	北京昆仑万维科技股份有限公司	昆仑万维
	北京普思投资有限公司	普思资本
	北京汽车集团产业投资有限公司	北汽产业投资
	北京首钢基金有限公司	首钢基金
	北京天地融创创业投资有限公司	宽带资本
	北京小桔科技有限公司	滴滴出行
	泛海投资基金管理有限公司	泛海投资
	广东温氏投资有限公司	温氏投资
	国寿投资控股有限公司	国寿投资
	国泰君安创新投资有限公司	国泰君安创新投资
	国信弘盛创业投资有限公司	国信弘盛
	H capital	H capital
	海尔资本	海尔资本
	汉富（北京）资本管理有限公司	汉富资本
	和君资本	和君资本
	华人文化（天津）投资管理有限公司	华人文化产业投资基金
	华软资本管理集团股份有限公司	华软资本
	华润资本管理有限公司	华润资本

排名	机构全称	机构简称
	锦绣中和（北京）资本管理有限公司	中和资本
	京东	京东
	老虎环球基金	老虎基金
	明石投资管理有限公司	明石投资
	摩根士丹利（中国）股权投资管理有限公司	摩根士丹利（中国）
	宁波鼎一资产管理有限公司	鼎一投资
	上海安益资产管理集团有限公司	安益资本
	上海国和现代服务业股权投资管理有限公司	上海国和投资
	上海捷宝投资有限公司	维思资本
	上海小村资产管理有限公司	小村资本
	上海长江国弘投资管理有限公司	长江国弘
	深圳市架桥资本管理股份有限公司	架桥资本
	深圳市前海梧桐并购投资基金管理有限公司	前海梧桐并购基金
	深圳市时代伯乐创业投资管理有限公司	时代伯乐
	数字天空技术投资集团	数字天空技术
	苏宁投资集团	苏宁投资集团
	太盟投资集团	太盟投资集团
	天风天睿投资股份有限公司	天风天睿
	天津市优势创业投资管理有限公司	优势资本
	小米科技有限责任公司	小米
	新毅投资基金管理（北京）有限公司	新毅投资
	浙江蚂蚁小微金融服务集团股份有限公司	蚂蚁金服
	中国科技产业投资管理有限公司	国科投资
	中国投资有限责任公司	中投公司
	中国文化产业投资基金管理有限公司	中国文化产业投资基金
	中植资本管理有限公司	中植资本

资料来源：清科研究中心。

表 2 2017 年中国创业投资机构 100 强

排名	机构全称	机构简称
1	深圳市创新投资集团有限公司	深创投
2	红杉资本中国基金	红杉资本中国基金
3	IDG 资本	IDG 资本
4	达晨创投	达晨创投
5	江苏毅达股权投资基金管理有限公司	毅达资本
6	君联资本管理股份有限公司	君联资本
7	深圳同创伟业资产管理股份有限公司	同创伟业
8	经纬中国	经纬中国
9	深圳市基石资产管理股份有限公司	基石资本
10	启明维创创业投资管理（上海）有限公司	启明创投
11	深圳市东方富海投资管理股份有限公司	东方富海
12	苏州元禾控股股份有限公司	元禾控股
13	德同资本管理有限公司	德同资本
14	北极光创投	北极光创投
15	赛富亚洲投资基金管理公司	赛富投资基金
16	深圳市高特佳投资集团有限公司	高特佳投资集团
17	浙江普华天勤股权投资管理有限公司	普华资本
18	深圳市松禾资本管理有限公司	松禾资本
19	深圳天图资本管理中心（有限合伙）	天图投资
20	联创永宣	联创永宣
21	纪源资本	纪源资本
22	高榕资本	高榕资本
23	深圳市创东方投资有限公司	创东方
24	北京信中利投资股份有限公司	信中利
25	东方汇富投资控股有限公司	东方汇富
26	天津泰达科技投资股份有限公司	泰达科投
27	清控银杏创业投资管理（北京）有限公司	清控银杏
28	中国风险投资有限公司	中国风投
29	海纳亚洲创投基金	海纳亚洲

排名	机构全称	机构简称
30	深圳清源投资管理股份有限公司	清源投资
31	北京金沙江创业投资管理有限公司	金沙江创投
32	浙江富华睿银投资管理有限公司	华睿投资
33	多尔投资管理咨询（北京）有限公司	DCM 资本
34	晨兴资本	晨兴资本
35	汉能投资咨询有限公司	汉能创投
36	盈科创新资产管理有限公司	盈科资本
37	蓝驰投资咨询（上海）有限公司	蓝驰创投
38	江苏金茂投资管理股份有限公司	金茂投资
39	光速中国创业投资基金	光速中国
40	北京顺为创业投资有限公司	顺为资本
41	英特尔投资	英特尔投资
42	深圳市中兴创业投资基金管理有限公司	中兴创投
43	湖北省高新技术产业投资有限公司	湖北高投
44	广东省粤科金融集团有限公司	粤科金融
45	赛伯乐投资集团有限公司	赛伯乐
46	联想创投集团	联想创投
47	今日资本（中国）有限公司	今日资本
48	北京源码资本投资有限公司	源码资本
49	浙江浙科投资管理有限公司	浙科投资
50	北京百度投资管理有限公司	百度风投
以下排名按机构名称拼音顺序排列（51~100）		
	BAI（贝塔斯曼亚洲投资基金）	BAI（贝塔斯曼亚洲投资基金）
	北京天星资本股份有限公司	天星资本
	北京同方厚持投资集团	同方厚持
	北京五岳天下投资咨询有限公司	五岳资本
	北京新龙脉控股有限公司	新龙脉资本
	北京愉悦资本投资管理有限公司	愉悦资本
	达泰资本	达泰资本

排名	机构全称	机构简称
	复星锐正资本	复星锐正
	富汇创新创业投资管理有限公司	富汇创投
	戈壁合伙人有限公司	戈壁创投
	光信投资管理（北京）有限公司	光信投资
	广州海汇投资管理有限公司	海汇投资
	杭州元璟投资管理有限公司	元璟资本
	华创汇才投资管理（北京）有限公司	华创资本
	华登太平洋创业投资管理有限公司	华登国际
	华医资本	华医资本
	济峰股权投资管理（上海）有限公司	济峰资本
	江苏弘晖股权投资管理有限公司	弘晖资本
	君盛投资管理有限公司	君盛投资
	凯旋创投	凯旋创投
	KTB 投资集团	KTB 投资集团
	昆仲（深圳）股权投资管理有限公司	昆仲资本
	兰馨亚洲投资集团	兰馨亚洲
	联创策源投资咨询（北京）有限公司	策源创投
	上海常春藤投资有限公司	常春藤资本
	上海创丰投资管理股份有限公司	创丰资本
	上海国际创投股权投资基金管理有限公司	国际创投
	上海建信股权投资管理有限公司	建信资本
	上海久奕投资管理有限公司	久奕资本
	上海磐霖资产管理有限公司	磐霖资本
	上海杉杉创晖创业投资管理有限公司	杉杉创晖
	上海源星股权投资管理有限公司	源星资本
	上海自友投资管理有限公司	峰瑞资本
	深圳国中创业投资管理有限公司	国中创投
	深圳市分享成长投资管理有限公司	分享投资
	深圳市富坤创业投资集团有限公司	富坤创投

排名	机构全称	机构简称
	深圳市启赋资本管理有限公司	启赋资本
	深圳仙瞳资本管理有限公司	仙瞳资本
	苏州华映资本管理有限公司	华映资本
	苏州凯风正德投资管理有限公司	凯风创投
	天津创业投资管理有限公司	天创资本
	微影资本	微影资本
	西安高新技术产业风险投资有限责任公司	西高投
	星河互联集团有限公司	星河互联
	银江资本有限公司	银江资本
	盈富泰克投资有限公司	盈富泰克
	云启资本	云启资本
	浙商创投股份有限公司	浙商创投
	执一（北京）投资管理有限公司	执一资本
	钟鼎（上海）创业投资管理有限公司	钟鼎创投

资料来源：清科研究中心。

参考文献

[1] 保罗·克鲁格曼.发展、地理学与经济理论 [M].北京：北京大学出版社，2000.

[2] 陈隆，吴铮，殷书炉.浙江省资本流出分析 [J].中国金融，2017（2）.

[3] 丁胡送.关于我国基金小镇建设的几点思考 [EB/OL].http：//www.sohu.com/a/136886302_701468，2017-06-29.

[4] 杜雪.泛珠三角区域的金融集聚研究 [D].广西大学硕士学位论文，2013.

[5] 黄解宇，杨再斌.金融集聚论——金融中心形成的理论和实践解析 [M].北京：中国社会科学出版社，2006.

[6] 孔星宇.基金产业集群的创新模式及其效应分析——基于南湖基金小镇的研究 [J].金融经济，2015（22）：103-104.

[7] 李红，王彦晓.金融集聚、空间溢出与城市经济增长——基于中国286个城市空间面板杜宾模型的经验研究 [J].国际金融研究，2014（2）：89-96.

[8] 李林，丁艺，刘志华.金融集聚对区域经济增长溢出作用的空间计量分析 [J].金融研究，2011（5）：113-123.

[9] 李冕.金融集聚的成因、演化和效应：一个综述[J].财经界（学术版），2015（2）：8-9.

[10] 惠宁.产业集群理论的研究现状及其新发展 [J].管理世界，2005（11）：158-159.

[11] 路跃兵，杨辛鑫.私募股权 LP 配置策略、投资实践与管理之道[M].北京：中信出版社，2016.

[12] 卢枥仁.规范 PE 是产权市场发展新机遇——对国家发改委批准成立中国股权投资基金协会的评析 [J]，产权导刊，2009（5）.

[13] 李晓宁.上海自贸区金融集聚的效应研究 [D].吉林大学硕士学位论文，2015.

[14] 南湖基金小镇官网，http：//www.nanhufund.com/.

[15] 迈克尔·波特.国家竞争优势 [M].北京：华夏出版社，2002.

[16] 马歇尔.经济学原理（上卷）[M].朱志泰译.北京：商务印书馆，2009：314-315.

[17] 清科研究中心基金小镇团队.国内基金小镇开发模式及布局选址解析 [EB/OL].https：//www.jrzj.com/column/4626.html，2017-07-12.

[18] 阮建青，张晓波，卫龙宝.不完善资本市场与生产组织形式选择——来自中国农村产业集群的证据 [J].管理世界，2011（8）：79-91.

[19] 孙雪芬，包海波，刘云华.金融小镇：金融集聚模式的创新发展 [J].

中共浙江省委党校学报，2016（6）：80-84.

[20] 王依人.清科半年报：2017 上半年 PE 机构投出 3000 亿，互联网巨头攻城略地抢风口［Z］.清科研究中心，2017-07.

[21] 谢文武，吴青松，朱建安.杭州玉皇山南基金小镇发展报告［M］.杭州：浙江大学出版社，2016.

[22] 卫龙宝，史新杰.浙江特色小镇建设的若干思考与建议［J］.浙江社会科学，2016（3）.

[23] 于斌斌.金融集聚促进了产业结构升级吗：空间溢出的视角——基于中国城市动态空间面板模型的分析［J］.国际金融研究，2017（2）：12-23.

[24] 杨恒.2016 年私募股权投资基金 LP 研究报告［EB/OL］.投中网，https：//www.chinaventure.com.cn/cmsmodel/report/detail/1142.shtml.

[25] 杨义武，方大春.金融集聚与产业结构变迁——来自长三角 16 个城市的经验研究［J］.金融经济学研究，2013（6）：55-65.

[26] 余泳泽，宣烨，沈扬扬.金融集聚对工业效率提升的空间外溢效应［J］.世界经济，2013（2）：93-116.

[27] 张东霞，苗新，刘丽平，张焰，刘科研.智能电网大数据技术发展研究［J］.中国电机工程学报，2015（1）：2-12.

[28] 基金业协会官网，http：//www.amac.org.cn/.

[29] 浙江在线——嘉兴频道，http：//jx.zjol.com.cn/system/2017/02/08/021437406.shtml.

[30] 邹萍.《2016 中国基金小镇研究报告》发布，谁能造出中国版"格林尼

参考文献

治小镇"[J]. 清科观察, 2016 (10).

[31] 张晓波. 中国产业集群的演化与发展 [M]. 杭州: 浙江大学出版社, 2011.

[32] Kindle Berger C. P. The Formation of Financial Centers: A Study in Comparative Economic History [M]. Princeton: Princeton University Press, 1974.

[33] Lundvall B.A. Innovation as an Interactive Process: User-producer Interaction to the National System of Innovation: Research Paper, African Journal of Science, Technology [J]. Innovation and Development, 2009, 1 (2&3): 10-34.

[34] Martin P., Ottaviano G. I. P. Growing Locations: Industry Location in a Model of Endogenous Growth [J]. European Economic Review, 1999, 43 (2): 281-302.

[35] Michael Porter. Cluster and the New Economy of Competition [J]. Harvard Business Review, 1998 (11-12).

[36] Meyer-Stamer J. Clustering and the Creation of an Innovation-oriented Environment for Industrial Competitiveness: Beware of Overly Optimistic Expectations [J]. International Small Business Journal, 2002, 20 (3).

[37] Porteous D.J. The Geography of Finance: Spatial Dimensions of Intermediary Behavior [M]. Avebury: Aldershot, 1995.

[38] Pandilt N. R., Gary. A. S., Cook G. M., Peter Swann. A Comparison of Clustering Dynamics in the British Broadcasting and Financial Services Industries [J]. International Journal of the Economics of Business, 2002, 9 (2): 195-224.

后记

—

Postscript

本书成书于南湖基金小镇挂牌五周年之际，主要梳理了南湖基金小镇发展历程、取得的成绩、建设经验以及未来展望等，充分展示了南湖基金小镇作为金融体制创新平台和产业转型升级重要窗口所产生的创新要素集聚效应、转型升级溢出效应、创新创业引领效应以及金融资本辐射效应。

本书从酝酿到成稿并最终出版，历经了一年的时间。在这个过程中，我们得到了各界的大力支持。首先，要衷心感谢嘉兴市南湖区委、区政府诸位领导的关心和支持，使得本书能够顺利完成。其次，要感谢南湖基金小镇诸位同事，特别是赵菁和谢凤英在前期资料搜集阶段给予了大力支持，让本书内容更为翔实和丰富。再次，在本书涉及的资料收集和整理中，张浅和熊嘉配合编写组做了很多细致的工作，在此一并向她们表示感谢。最后，特别感谢经济管理出版社宋娜主任和张昕编辑，她们在本书的出版过程中，对本书提出了宝贵的意见，并进行了一丝不苟的编辑工作。

由于时间关系，本书难免存在疏漏和不足，南湖互联网金融学院衷心希望广大读者批评指正。

本书编写组

2017 年 11 月 1 日

图书在版编目（CIP）数据

启航：南湖基金小镇发展报告/邹传伟主编. —北京：经济管理出版社，2018.4
ISBN 978-7-5096-5635-8

Ⅰ.①启… Ⅱ.①邹… Ⅲ.①小城镇—城市建设—研究报告—嘉兴 Ⅳ.①F299.275.53

中国版本图书馆 CIP 数据核字（2018）第 015827 号

组稿编辑：宋　娜
责任编辑：宋　娜　张　昕
责任印制：黄章平
责任校对：张晓燕

出版发行：经济管理出版社
　　　　　（北京市海淀区北蜂窝 8 号中雅大厦 A 座 11 层　100038）
网　　　址：www. E-mp. com. cn
电　　　话：（010）51915602
印　　　刷：北京晨旭印刷厂
经　　　销：新华书店
开　　　本：720mm×1000mm/16
印　　　张：15
字　　　数：172 千字
版　　　次：2018 年 4 月第 1 版　2018 年 4 月第 1 次印刷
书　　　号：ISBN 978-7-5096-5635-8
定　　　价：98.00 元